マインドフル・セルフ・コンパッション入門

自分を思いやるレッスン

Mindful Self-Compassion

京大マインドフルネス＆
セルフ・コンパッション研究会
共同発起人

岸本早苗

Sanae Kishimoto

大和書房

セルフ・コンパッションとは――
自分が苦しんでいるときに、心から愛する誰かをケアしてあげるように
自分自身をケアすること。

クリスティン・ネフ博士（テキサス大学准教授）

序文　早苗さんの書籍に寄せる

２０１０年にクリスティン・ネフと私が開発し、すでに科学的にも立証されている8週間のマインドフル・セルフ・コンパッション（Mindful Self-Compassion ＭＳＣ）プログラムについて綴られている本書に序文を寄せられることは、非常に光栄です。これまで、世界各国で10万人を超える人たちが２５００人を超える講師によってＭＳＣを学んできました。この本の著者である岸本早苗は、ＭＳＣのシニアティーチャーであり、過去数年間、静かに日本でセルフ・コンパッションの種をまき続けています。私はアメリカで早苗さんと知り合い、のちに日本で彼女と一緒にプログラムを教えることができました。この本は、マインドフルネスとセルフ・コンパッションに対する彼女の理解の深さの証となるものです。これはまた、彼女自身の人生や、彼女のクライアント、ＭＳＣ受講者の人生にもたらされたセルフ・コンパッションの影響を、惜しみなく共有してくれている本です。

セルフ・コンパッションに対する関心は世界中で急速に高まっています。これはおそらく、セルフ・コンパッションが、グローバル化の進む現代社会で主流になりつつあるマインドフルネスと密接に関係しているためでしょう。特に私たちが苦しみの最中《さなか》にあるとき、マインドフルネスが扱う「感情の中心」にあるのがセルフ・コンパッションです。それは苦しんでいる親しい友人に接するのと同じやさしさや理解をもって、自分自身を扱うことです。マインドフルネスとセルフ・コンパッションは、私たちがより充実した人生を送るための強力な組み合わせです。

セルフ・コンパッションの人気のもうひとつの理由は、プラクティスをサポートする広範な研究基盤があるということです。自分に思いやりを向けるなんて利己的で、自分を弱く怠慢にしてしまうのではないかと懸念する人がいると思いますが、科学はまさにその反対を示しています。セルフ・コンパッションを学ぶことで、他の人に対して思いやりをより持てるようになりますし、逆境から立ち直る力や、目標を達成するためのモチベーションが高まるなど、自分の内側のリソースが育ちます。セルフ・コンパッションは、研究で幸福感やウェル・ビーイングと関連していることが一貫して報告されています。たとえば、私たちが抱える不安や、抑うつ、ストレスが軽減したり、食事や運動の面でのいい生活習慣が身につき、健康になり、より満足できる（特に身近な人たちとの）人間関係を構築できるというものです。

不思議なことに、どの文化で生まれ育っているかには関係なく、私たちは自分自身よりも他の人に対して思いやりを与えることができる傾向にあります。セルフ・コンパッションはシンプルに「自分もコンパッションの輪に入れてあげる」という謙虚な取り組みで、自分自身に向ける注意のあり方へのちょっとした転換（シフト）です。私たちはすでにコンパッションが何であるかを知っているので、時折Uターンをし、自分自身にコンパッションを与える必要があります。そして誰しもがセルフ・コンパッションを学ぶことができ、それはあなたの人生に劇的な変化をもたらすかもしれません。

早苗さんは、アメリカに住んで勉強した日本人の心理学者として、私たちの2つの文化の違いを深く理解しています。早苗さんと京都で共にMSCを教えた際、彼女が我々の参加者の心の中に、セルフ・コンパッションを芽生えさせていくのを目の当たりにすることができました。また、日本の参加者は、セルフ・コンパッションのプラクティスに自然な親和性を持っているように見えました。したがって、私は彼女がこの本を書き、MSCをより広く日本の聴衆に彼女自身の特別な声で提供してくれたことにとても感謝しています。

それでは、読者のみなさま、あなたがこの本とともに少し時間をとって、著者がこれほど美しく表現したエクササイズを実践し、セルフ・コンパッションの癒しの力を体感できますよう願っています。

クリストファー・ガーマー博士
ハーバード・メディカル・スクール
「*The Mindful Path to Self-Compassion*」著者

（序文・訳協力 鳥羽瀬有里）

マインドフル・セルフ・コンパッション入門
自分を思いやるレッスン

CONTENTS

セッション 1

「マインドフル・セルフ・コンパッション」の旅を始めよう
——科学的に、自分の内面を深く探検する

セッション 2

マインドフルネスで「つらい感情」に気づく
——マインドフルネスとコンパッションの両翼を持とう

セッション 3

慈《いつく》しみの瞑想で「いい意図」の種をまく
――自分の本音のニーズを知る

セッション 4

「新しい動機づけ」で行動と習慣が変わる

――自分の中にある「批判する声」と「思いやる声」に気づく

セッション 5

自分の「コア・バリュー」に沿って生きる
――自分の強さや価値とつながり、他者ともつながる

セッション
6

「恥」を解毒するコンパッションの力
――「困難な感情」と出会う

セッション7

人間関係の「痛み」を探検する
――「満たされないニーズ」や「燃え尽き」から身体と心を守る

セッション 8

「感謝」とともに生きる
──私たちは、自分で思う以上に、幸せになれる存在です

Introduction

自分を思いやるレッスンにようこそ

セルフ・コンパッション
──「自分を思いやる力」の科学

失敗をしたとき、苦しいとき、あなたはどんなふうに自分と接していますか？

私たちの多くは、子どもの頃から、自分自身を評価し、批判し続ける環境で生活しています。

「なぜもっとうまくできないんだ」

「（今の）自分は十分ではない」

「つねに他人と比べられる」

──本書を手に取った方もこのような苦しさを胸の奥にしまいながら、日常生活を送っているのではないでしょうか。

たとえば、先行きが見えない社会情勢が続くなかで不安に押しつぶされそうになるときに、自分を必要以上に追い詰め、孤独感がさらに増していく。仕事や学業で思うような成果をあげられないとき、他人と自分を比較して自分の能力を疑う。子育てがうまくいかないときに、こんな自分ではダメだと自信をなくし、自分を叱責する。過去に自分がした選択に対して、後悔の気持ちが募り、自分を許すことができない。

近年の心理学研究によって、誰もが当然のように持つ、このような自分への厳しくて批判的なかかわり方が、自分自身の成長や心身の健康を妨げる要因になっていることが明らかになってきました。

「セルフ・コンパッション」とは何か――。

簡単にいえば、他の人を思いやるように自分のことを思いやる、という考えで、心理学者クリスティン・ネフ博士（テキサス大学准教授）などにより現在英語圏を中心に発展・研究が進んでいます。

セルフ・コンパッションのレベルが高い人ほど、人生への満足度、幸福感、社会的なつながり感、他者への思いやり、自信、感謝、楽観性などが高い傾向にあり、反対に、そのレベルが低い人ほど抑うつ感や不安、ストレス、完璧主義、恥といった心理状態が強い傾向にあると、ネフ博士の研究のほか、ドイツやスコットランドの心理学者らによるメタ解析の研究で報告されています[1][2][3]。

生理学的には、自己批判の傾向が強いと、体内で自己防衛のシステムが働き、ストレスを感じるホルモン、コルチゾルやアドレナリンが分泌されやすく、反対にセルフ・コンパッションを感じていると、幸せを感じるホルモンのオキシトシンなどが分泌されることがわかっています[4]。

また、セルフ・コンパッションが高いほど、自己コントロール力が高いことや[5]、自分の行動に責任感を持ち[6]、必要なときには謝ることができるとも報告されています[7]。

対人関係では、他者の視点に立つことができたり、許すことができる傾向との関連が報告されています[8]。

恋愛や結婚などのパートナーとの関係においては、相手を支配しようとしたり、攻撃しようとしたりすることが少なく、相手へのやさしさや親密さを持つことや[9]、相手のニーズを認め譲歩することと関連があるといわれています[10]。

くわしくは後述しますが、自分を甘やかすより、長期的な視野で自分の健康に役立つライフスタイルを選ぶ傾向があることや[11]、失敗への恐れや不安より、自分が大事にしたいことのために行動を起こす力が高いことが報告されています[12]。

つまり、セルフ・コンパッションは決して、弱さや甘え、自分勝手なことでもありませんし、やる気をそいでしまうものでもありません。自分だけで完結するものでもありません。自分をひとりの人間として尊重し、思いやりを向けていくことによって、身近な人や社会へ思いやりの行動が広がり展開していく、今の時代に必要不可欠なスキルと言えるでしょう。

本書では、セルフ・コンパッション――自分を知り、自分を思いやる心の筋トレを紹介していきます。

エビデンスに基づく心のトレーニング

この本は、1980年代からマインドフルネスに基づく心理臨床を行なってきた**ハーバード大学の臨床心理学者クリストファー・ガーマー博士と、先述のクリスティン・ネフ博士によって開発された、マインドフル・セルフ・コンパッション**（Mindful Self-Compassion）――マインドフルネスを土台に自分を思いやる力を段階的に耕していく体験型のプログラム――に基づいています。

マインドフル・セルフ・コンパッションを教える講師は日本ではまだ少なく、このプログラムは、なかなか日本では体験することができません。本書がマインドフル・セルフ・コンパッションの冒険の旅に出るきっかけになりますように。

ここで、マインドフルネスやセルフ・コンパッションが私たちの心身の健康を高め、人生の質を高める方法として広がってきた流れを、研究の視点から少し眺めてみましょう。

仏教の瞑想を学んでいたジョン・カバットジン博士（分子生物学）が、1970年代にマサチューセッツ大学の医療現場で慢性の痛みに対してマインドフルネス・ストレス低減法を開発してから[13][14]、医療領域でのマインドフルネスの研究はさらに進んでいます。

マインドフルネス・ストレス低減法をもとに、オックスフォード大学やトロント大学の心理学者らによって、うつ病の再発予防に効果が検証されたマインドフルネス認知療法が開発され[15]、現在では、臨床場面での応用がさらに進んでいます。

このような科学的なエビデンスは、マインドフルネスや瞑想が信頼感をもって教育や企業など広く社会で興味を持たれる一助となっているのではないでしょうか。

マインドフルネス・ストレス低減法では、自分への思いやりは明示的には扱わず、実践を通じておのずと自分を思いやる力もついてくると考えられています。

一方、「自分への思いやり」を明示的に扱い、開発されたのがマインドフル・セルフ・コンパッションです。マインドフル・セルフ・コンパッションは、マインドフルネス・ストレス低減法に着想を得ながら、各セッションでのトレーニング内容では具体的に自分を思いやるアプローチにたち、他のセラピーの知見も取り入れながら、開発されました。

また、マインドフルネスによって心の健やかさや人生への満足感が高まっていくとき、「自分への思いやり」がじつは重要な要素であることが、さまざまな研究でより明らかにされるようになってきました。たとえば、オックスフォード大学の心理学者による研究では、マインドフルネス認知療法が心の健やかさに効果をもたらすのは、マインドフルネスとともにセルフ・コンパッションの働きによるものだ報告しています。[16]

うつや不安の治療をしていく上で、症状の重さやクオリティ・オブ・ライフ（人生・生活の質）には、マインドフルネス以上にセルフ・コンパッションがより関与していることもわかってきました。[17]

心身への効果を語るとき、研究のお作法を守った方法でエビデンスを検証することは大切です。広く一般の層を対象として自分への思いやりに特化する心理教育として開発されて、その効果のエビデンスが科学的に証明されているのは、マインドフル・セルフ・コンパッションが唯一のプログラムです。プログラムの参加者は、未受講の人に比べて、自分への思いやりや他者への思いやり、マインドフルネス、社会的なつながり感、人生への満足感や幸福感が高まり、抑うつ感や不安、ストレスが軽減することや(1)、糖尿病の患者さんでは、糖尿病に関連するストレスの軽減だけでなく血糖コントロールがよくなるなど身体面への好影響がわかっています(18)。

この本を手に取っているみなさんがこれからする冒険旅では、研究に裏打ちされた内容にあふれています。

さて、この本を手に取ってくださったあなたへ

「なぜ、この本を手に取ってみたのでしょうか？」
「なぜ、今自分はここにいるんだろう？」

ゆったりと時間を取って、自分自身に尋ねてみてください。
たとえば、こんなイメージで。玉ねぎの皮をゆっくりと1枚1枚むいていくように。
あるいは、小石を川に入れて、ゆっくりと小石が深く沈んでいくように。
より深いところへ、じっくりと、自分に問いかけてみてください。

「なぜ今自分は本当にここにいるんだろう？」

人生の旅のこの段階の今、あなたがこの本に興味を抱いた理由を、自分に聴いてみましょう。本を読み進める前に、今、まぶたをそっと閉じて、この問いを自分にやさしく自

由に尋ねるひとときを持ってみてください。

「なぜ今自分は本当に、本当にここにいるんだろう？」

いきなりですが、「セルフ・コンパッションとは何か？」をわかりやすく体感してもらうために、心のエクササイズを紹介します。

エクササイズ

大切な人が苦しんでいるとき、どんなふうに接しているだろう？

このエクササイズを通じて、あなたが他の人や自分に対して普段どんなふうに接しているのかを「観察」してみましょう。

自分が大事に思っている家族や親しい友人が苦しんでいたときのことを思い浮かべてください。落ち込んでいたり、思い悩んでいたり、不幸な目にあって苦しんでいたりします。

その人に、あなたは普段どんな言葉をかけていますか。

どんなふうに接していますか。

まぶたを閉じて、じっくりと思い浮かべてみましょう。

自分の言葉や声のトーン、姿勢や身体の動きをしばし思い出しましょう。


一度目を開けて、そして、ふたたび閉じます。

今度は、自分自身のことを思い浮かべます。

失敗をしてしまい、落ち込んでいたり、
つらいめにあっていたとき、自分では不十分だと追い詰められていたとき……。

そのとき、自分にどのような言葉をかけているでしょうか。どんなふうに接していますか。そのときに出てくる言葉や声のトーン、姿勢やしぐさをじっくりと思い浮かべます。

まぶたを開けて、思い浮かんだことを、もしよければ書き留めてください。

いかがでしたか？
友だちが失敗して苦しんでいるときは、話を聴き、理解してあげようとして接しているのに、自分の失敗には「またやってしまった」「なんでこんなことをしてしまったんだ」

人もいます。

「こんなこともできないなんて、自分はダメだ」と自分を責める態度をとっていたという人もいます。

このエクササイズを体験してもらうと、自分に対して批判的な発言をしていた、友人にだったらやさしく聴いてあげていたのに自分にはできていない、と気づく人が多いのです。同じことで悩んでいる友人にだったら、「私にできることがあったら言って」「この人が今必要としていることは何かな？」と力になろうとするでしょう。そもそも自分にどう接しているかを普段は意識すらしたことがなかったという人もいます。

自分がつらい思いをしているとき、同じ悩みを抱える友人にならばしてあげることを、自分にもする。または、自分が苦しいと感じているときに、他の誰かにしてほしいことを自分が自分にする、セルフ・コンパッションは、そんなイメージの心のあり方であり、スキルです。

コンパッションを内側、つまり自分にも向けていく。インナー・コンパッションとも言えます。

ただし、自分が抱えている問題をなくすわけではありません。

自分の中にある障壁や困難なものをやさしい気づきとともに抱きとめ、包容する術を、これから学んでいきます。苦しい気持ちを、それより大きないたわりの心で包むことのできる、そんなスキルやリソース（資源）を、瞑想や心のエクササイズを通して育んでいく練習をします。

それは、自分をいたわり認める温かくてやさしい面もあり、必要なときには自分を守り、行動を起こす強い面もあります。

「自分が苦しんでいるときに、愛する大切な誰かをケアしてあげるように、自分自身をケアすること（クリスティン・ネフによる定義）」。このケアはその両面を含んでいます。

私自身の「マインドフル・セルフ・コンパッション」との出会い

私は、ハーバードの産婦人科で働いていた頃に、パートナーに対し、批判的に決めつけてしまう「ジャッジメンタル」な心のクセが自分にあることを感じ、悩んでいました。

できるだけノン・ジャッジメンタルな心の姿勢を育てたいと思い、母校のハーバード大学で開催されていた「**マインドフルネス瞑想教室**」に定期的に通い始めました。そうしているうちに、身近な人に対してジャッジメンタルだと思い込んでいた心の態度は、じつは自分自身に対して普段とっている態度だったと気づきました。

この教室で、自分への、そして相手への理解や許しが深まり、瞑想の奥深さを実感しました。

その後、ある事故の被害にあい、頭部外傷による脳の損傷が起きました。私は、脳の損傷を修復するために、仕事や家事、会話などをとにかく休んで、薄暗い部屋でひたすら脳を休めるという治療に入ることになりました。

勤務先だったハーバード大学の病院の主治医である頭部外傷専門医や、理学療法士、言語療法士らからは治療の一環として「瞑想をするように」と指示を受けました。

大学や医療機関、研究所などが集まるマサチューセッツ州は、アメリカンフットボールなどの選手や退役軍人、ボストンマラソン爆破事件の被害者など、頭部外傷の臨床や研究が先進的に取り組まれています。マインドフルネス瞑想や、その効果研究の最新情報にふれる土壌があるのです。

私は、瞑想の音声ガイドを、速度をとてもゆっくりに、音量をとても小さく調整して静かに聴いて、脳の損傷の治療のみに集中しました。その後、マインドフルネス瞑想の源流である「ヴィパッサナー瞑想」を教える近所のケンブリッジ・インサイト・メディテーション・センターにも通いました。そこでスーザン・ポラック博士（ハーバード大学の臨床心理学者らが取りまとめる瞑想・心理療法の教育機関の当時の長）らによる瞑想会に参加したとき、初めてこのフレーズを耳にしたのです。

May I care for my pain.
「私が　私の痛みを　ケアできますように」

その言葉は、ただただ私の心に深く染み入りました。

頭部外傷によって、毎日のあらゆる活動にさまざまな困難や疲労を抱え、主治医らからはこう言われました。

「痛みは消えることはない。あなたの脳機能がベースライン（元の状態）に戻ることはない。補助機能になりうるものを使いながら、これから暮らすように」

その後の復職は、想像以上に困難でした。十代から二十代での闘病経験や、その思いを胸に、ハーバードに留学したことを、私は思い出しました。大学病院で積み重ねてきたものをあきらめ、プライベートで大事にしていたこともあきらめ、当面は休職しながら治療を続け、経済的な負担も重なる中、休職できる時期を終えたら職を失って経済・就労面での困難も待ち受けていることを知っていて、痛みや絶望、悲しみ、喪失の中にいました。

つらい痛みが走ると、「ああ……」と落ち込み、ちょっとした動作や思考も脳への負担が極めて大きかったので、とにかく落胆や悲しみの連続の中にいたのでした。

「私が　私の痛みを　ケアしていますように　心をかけてあげることができますように」

この言葉を聴いて、そんなふうに自分とかかわっていいんだと、驚きました。

実在する身体や心の痛み、それで苦しんでいる自分に、さらなる第二の矢を放つような態度で接していたら、自分が抱える苦しみがふくらんでしまう。

こんなに痛み苦しんでいる、つらい自分に、せめて心をかけてあげよう、そして不要な苦しみは減らしてあげよう。苦しみとの関係の持ち方、何より、苦しんでいる自分自身とのかかわり方が変わり始めた瞬間でした。

ポラック博士には、マインドフルネスや仏教心理学を広く臨床に応用する「マインドフルネス&心理療法」認定プログラムに入ることをすすめられました。治療を優先しながら、資料はクラスメイトの心理専門職らがゆっくりと朗読録音してくれるなど、助けられながらゆっくりと学ぶ中で、講師陣だったガーマー博士と出会い、本書のテーマである「セルフ・コンパッション」を深く学ぶ道につながりました。

ボストンに住んでいるときに、自分自身の治療の一環で、ポラック博士らの教えるマインドフル・セルフ・コンパッションに、まずは受講者として参加しました。さらに深く学びを進めるうちに、ゆっくりと、マインドフル・セルフ・コンパッションやマインドフル・ストレス低減法を人に伝えるためのトレーニングを受け始めました。

マインドフルネス(今この瞬間の気づき)だけではわからなかったことが、セルフ・コンパッション(自分への思いやり)もあわせて実践することで、自分自身をそのまま知り、包容するという勇気のいる洞察の威力をさらに実感しました。

そして私は今、2016年から日本でマインドフル・セルフ・コンパッションを教えています。

もともとは東洋に根付いた「生き方」

マインドフルネスやコンパッションは、もともと仏教や東洋の知恵や文化に根付いたあり方であり、生き方です。そのため、日本に住む私たちにとっては、じつはこれまで縁のなかったまったく新しい概念、というわけではありません。この考え方は、日本の風土にすでに存在してきたものであり、もともと日本に暮らす人がもつ強みとつながっているのです。

マインドフルネスもコンパッションも仏教語が原語です。マインドフルネスやセルフ・コンパッションはあくまで英語に訳されたときの言葉なのです。マインドフルネスは日本語では**「今（いま）心（こころ）」と書いて「念」**と訳されています。コンパッションは、日本語では「悲」と訳されていて、一般的には思いやりや、慈悲（悲しみを慈しむ）と訳されることもあります。

ただ、存在していることが当たり前なことほど、人に伝えることが難しかったり、気づかなかったりしますよね。

良くも悪くも物事の多くを言語化する欧米社会では、これらの東洋の考え方を科学的に検証し、体系化する必要があったと言えるかもしれません。

本書では、マインドフル・セルフ・コンパッションのプログラム内容の紹介、心理学の研究や医療現場で報告された科学的な見解に加え、マインドフル・セルフ・コンパッションの実践と指導を通じた私の体験、受講者からの報告によってもたらされた新しい視点をまとめました。

自分への思いやりを高める科学的な方法は、研究者の世界の中だけに閉じているものではありません。

本書には、あなた自身の身体や心だけでできるシンプルなエクササイズが待っています。自分にはどのエクササイズが効果的なのか発見し、その過程を楽しみましょう。

本書を読み終える頃には、完璧ではなくて欠点があって人間らしい自分自身の行動や思考、感情を、これまでよりも深く理解し、自分を知ることができるでしょう。

そして、いつもの自己批判ではなく、新しいかかわり方で自分と親しくなり、今の自分を受け容れやすくなり、自分や大切な誰かへ必要な行動を少しずつ始められるようになるでしょう。

マインドフル・セルフ・コンパッション（Mindful Self-Compassion）は、クリストファー・ガーマー博士およびクリスティン・ネフ博士によって共同開発されたプログラムであり、MSC™の商標はCenter for Mindful Self-Compassion が所有しています。マインドフル・セルフ・コンパッションの開発は両氏が出会った２００８年から準備が始まり、２０１０年にそのプログラムが初めて開催されました。２０１２年にランダム化比較試験を用いてマインドフル・セルフ・コンパッションの効果が報告されてからも、プログラムはつねに改変されています。

また、この本は、マインドフル・セルフ・コンパッションを紹介する〝Teaching the Mindful Self-Compassion Program: A Guide for Professionals〟（ギルフォードプレス社２０１９）や〝The Mindful Self-Compassion Workbook〟（ギルフォードプレス社２０１８）の本を参考に、ガーマー博士の許諾のもと綴っています。ガーマー博士と相談し、マインドフル・セルフ・コンパッションが伝えているエッセンスを大切にしながら、本書では入門書として工夫をし、平易な表現を取り入れて紹介しています。なお、本書において同プログラムを訳している箇所は、公式訳ではなく、岸本早苗個人の翻訳です。「エクササイズ」は、ガーマー博士とネフ博士の著作をもとに、このような心のエクササイズが初めての人にとっても、できるだけ安全にわかりやすく体験していただけるよう、柔軟に適宜補足を加えています。書籍でのご紹介になるため、一部割愛している内容もありますが、本書を通じて体感的に理解していただけることも多くあると思います。

なお、本書はマインドフル・セルフ・コンパッションの指導者になるための書籍ではありません。あくまでもご自分自身の体験のために活用してください。

本書に登場する受講者の声は、個人情報保護と読みやすさの観点から、編集を加えています。

本書の使い方
――「自分の探検」を始める前に知っておいてほしい10のこと

本編に入る前に、これから紹介するエクササイズを体験する心もちをお伝えします。

①自分の「内面の旅の冒険家」になる

「自分を思いやるレッスン」は今まで知らなかった自分の内面をめぐる冒険です。思いもよらない体験が訪れるでしょう。

行き先が不確かな旅の道中で感じる心の揺れをそのままに、苦手意識、焦り、抵抗、ワクワク感、心が溶けていく感覚など、いろんな瞬間を自由に探検してください。**今まで隠していた感情に出会うかもしれません。**冒険の行く手を阻みたくなるような心の障壁に出くわすかもしれません。あなたの心の未知の領域にふみ込む冒険です。好奇心や柔軟性、心のオープンさ、誠実さ、忍耐強さを持って、自分を題材に、冒険心旺盛な科学者になったつもりで、自己発見と自己変容の実験をしてみませんか。
ていねいに見てあげる相手、再発見できる対象は、あなた自身です。

②心の安全を確保する

「自分を思いやるレッスン」は、ただリラックスするためのものではありません。自分の感情の深いところをかき乱されるような経験を余儀なくされます。これは、困難に対処できる「感情のスキル」を養っていくために必要な過程です。

心はオープンなときもあれば、自己防衛などのさまざまな理由で閉じているときもあります。見定めながらエクササイズを進めてください。

その方法は次の通りです。

エクササイズ中に、鮮明な感情や身体の感覚が表れるときは、心がオープンに感じているときです。一方、気が散る、眠気がする、イライラする、自分や他人を批判するような気持ちが出るときは、心が閉じています。

心がオープンになっているとき、涙が自然とあふれ出ることがあるかもしれません。マインドフル・セルフ・コンパッションは、ティッシュなしではできないしっとりしたプログラムとも言われています。自分にとって負担になりすぎるものでなければ、涙があふれてもその感覚をそのままゆったりと味わってみてください。**涙があふれることは弱さではありません。もろくなれる勇気を持てている自分にどうか敬意や信頼を持っていてください。**どんな感情、感覚にも居場所をあげて包容していくスキルを少しずつ育てます。

自分の心を閉じる必要があると思ったときには、閉じる許可を与えてください。それも自分への思いやりです。してもいいし、しないでおくこともできるのです。心をオープンに探検できない自分を責めなくていいのです。チャレンジングだなと感じる程度の探検をしながら、もし、あまりにも心が圧倒されるほどの状態になったら、それはやりすぎです。ほどほどの手ごたえを感じる程度の探検に戻りましょう。または安全な範囲内に戻ることが大事です。

③完璧を目指さなくていい、完璧は幻想です

Practice makes imperfect.（練習を重ねていくことで完璧じゃなくいられる）――これは、私がマインドフル・セルフ・コンパッションを学ぶ中で聞いた言葉で、まさにその通りだと実感しています。**練習すればするほど、自分自身や他の人たち、物事が完璧でないことを許容する器ができてくるでしょう。**

「手放していい余分な努力は何だろう？」と自分自身に尋ね、できるだけ肩の力を抜いて

練習してください。「せっかくやろうと思ったのに、あまり練習できていない」と自己批判するよりも、練習できていない自分にも思いやりのある態度で接しましょう。

④自分に響くエクササイズを大切にする

この本では、段階的に自己変容の旅が進むようサポートしています。ですから、順に読んでいただくのをおすすめしますが、「すべてのエクササイズをしっかり網羅してモノにしなきゃ！」と意気込まなくても大丈夫です。

実際のマインドフル・セルフ・コンパッションのセッションでは、エクササイズの前にエクササイズの名称を伝えません。名前にあまり気をとらわれず、できるだけまっさらな気持ちでエクササイズに取り組んでみてください。

⑤紙とペンを用意する

エクササイズを通じて自分が体感したこと、発見したことを書き留めたり、自分へのちょっとした手紙を書いたりする場面があります。マインドフル・セルフ・コンパッションの旅のおともに、ぜひノートとペンを用意してください。

エクササイズを通じてどんな感覚が立ち現れているか、立ち止まって味わうひとときを持ってみてください。

⑥安心できる環境で

安心できる環境で、時にはまぶたを閉じ、なるべくひとりでゆったりと間《ま》を取りながら、進めてください。瞑想や心のエクササイズの最中に突然誰かが入ってくるかもしれない部屋だと気持ちがどこかそわそわするかもしれません。涙が浮かぶこともあるでしょう。心の探検を存分にするため、自分のための時間を静かに取れる場所がおすすめです。

もしこの本を家族や友人、どなたかと一緒に読み進めている人は、お互いにそうしたいのなら体験を伝え合うこともいいかもしれません。

その際、大事なのは、**自分以外の誰かの体験を、否定したり、アドバイスをしたりしないこと。ただそのまま聴きましょう。**また、何かを言いたくなる自分の身体や頭、心で起きている反応にやさしく気づきながら、言葉を挟まず、目の前の人の話を首から下で聴きます。あなたが相手に話すときも相手にそのようにしてもらいましょう。

⑦普段の生活の中で練習する

「自分を思いやるレッスン」を日常生活の中で実践してみることをおすすめします。徐々に自分の身体や心になじませてください。新しい靴《くつ》やジーンズが身体になじんでくるように、少しずつ慣れて、実践するのが自然になっていくでしょう。マインドフルネスの研究でも、できるだけセッションに参加して、普段の生活の中でたとえ短い時間でも日々継続する方のほうが、自分の変化を感じることができることがわかっています。

この本の各セッションの終わりには、そのセッションで学んだことをまとめて「日常生活での練習」として紹介していますので、日常で実践する際の手引きにしてください。

マインドフル・セルフ・コンパッションではプログラムの全体を通じて、1日に30分程度の時間をとってエクササイズを自由に組み合わせて実践していくことが理想的だと話しています。

「30分も?」と思われる方もいますが、普段の生活の中で、湯船にゆっくり浸かるということもセルフ・コンパッションだという人にとっては、そこにも時間を使うことができますね。意識をすれば、生活のさまざまな場面に、いろいろなエクササイズを組み合わせて取り入れることができます。続けていくには、自分にとってやりやすいもの、楽しめる方法や、役に立っていると感じられるものを繰り返すのもいいでしょう。

練習を重ねていく中で、自分自身こそが、自分にとっての親友になっていくでしょう。

⑧瞑想などの「心のエクササイズ」を組み合わせる

マインドフル・セルフ・コンパッションでは瞑想の実践もします。でも瞑想家を育てるためのものではありません。**本書で紹介している瞑想を、5分からでも試してみたり、「始めてみる」だけでも大事なステップを歩んでいます。**自分が苦しんでいるときにそれを知っていて、苦しんでいるときに親切さや理解を持って自分に対応してあげることができる、そんなスキルフルな思いやりの行動をとっていけるようになることが大切です。そのために瞑想や、**普段の生活でできる「心のエクササイズ」**を取り入れましょう。

⑨一気に読み進めるより、ゆったり味わう

次のセッションへと進むとき、その前のセッションでの日常生活での練習がどうだったかなあと一旦ゆっくり振り返るひとときを持ってください。各セッションでのエクササイズを試すときも、ささっと読み流したり急いで取り組むより、間《ま》をゆったりと自分に与えて、のんびりマイペースで進めてください。本書では、マインドフル・セルフ・コンパッションの8週間形式（週1回3時間弱）や5日間集中形式で体験する内容に近いものを扱っています。1つのセッションを読み終えるごとに、何日かかけてそのセッションからの「日常生活での練習」をじっくりとしてみませんか。

⑩「今この瞬間」の体験に好奇心を向ける

本書を読み進める中で、「このエクササイズの目的は何だろう?」「このやり方であっているのか?」など疑問がわいてくるかもしれません。そんな疑問はなるべく横に置いて、内面の体験、**エクササイズをしているその瞬間に立ち現れてくる身体の感覚や感情、考え、行動にじっくりと注意を向けることに重きを置きましょう。**内面を探検することはシンプルですが、必ずしも簡単なことではありません。外側の情報収集や知的な分析に走るほうが楽なこともありますが、内面を探検する機会を自分に与えてください。

マインドフルネスもコンパッションも、**「なぜ(why)」より、そこに表れてくるものに「なんだろう(what)」**と好奇心を向けることを大切にします。原因や解決策を掘り出そうとしたり、思考や言葉に執着したりするより、おのずと何かが表れたり変容したりする様子をやさしく見守ってください。

また、「○○できないな」「○○してしまう」と感じるとき、それをどう変えるか、どう解決するかを考えるより、「私にとって○○できない」ってどんな感じだろう? とていねいに、ジャッジせず観察するチャンスです。

そして、覚えておいてほしいのは、本書での体験では、こう感じていれば成功とか、こういう結果になるほうが正しい、といったものはないということです。あなたがもしやりづらさを感じたり、いやな感じが出てきたりしたら、それも同等に大事なことだと知っていてください。どのような体験にも、あなたの体験そのものにやさしさのこもった興味を向けながら冒険しましょう。

通常マインドフル・セルフ・コンパッションは、講師とともに、対面またはオンライン形式にて、グループで行います。そのため、エクササイズを行うたびに、参加者それぞれの体験や気づきをグループ内で探求するひとときがあります。

この本には、日本で開催されたマインドフル・セルフ・コンパッションの体験者の声や、講師として私がマインドフル・セルフ・コンパッションを教える中で感じた補足事項を書き添えました。

他の人の体験を知ることで、ご自身の洞察を深めるきっかけにしてください。

マンドフル・セルフ・コンパッションの地図

マインドフル・セルフ・コンパッションはおもに8つのセッションから成り立っています。1つのセッションにはだいたい3時間をかけます。セッション5の後に行う沈黙の瞑想会（サイレント・リトリート）は4時間ほどの時間をかけて、静かにゆっくりと思いやりの瞑想浴に浸ります。

マインドフル・セルフ・コンパッションは少しずつ内面の旅が深まるのをサポートしている構成になっていますので、一緒にセッションの順に旅を進めませんか。

セッション1や2では、セルフ・コンパッションやマインドフルネスの基礎的な考え方も紹介しています。セッション3からは体験をさらに深めて、自分を思いやり、慈しむ「内面の器」を耕します。そして、セッション6や7へのさらなる冒険に備えていきましょう。

セッション1

「マインドフル・セルフ・コンパッション」の旅を始めよう

Discovering Mindful Self-Compassion

セッション2

マインドフルネスで「つらい感情」に気づく

Practicing Mindfulness

セッション3

慈《いつく》しみの瞑想で
「いい意図」の種をまく

Practicing Loving-Kindness

セッション4

「新しい動機づけ」で
行動と習慣が変わる

Discovering Your
Compassionate Voice

セッション5

自分のコア・バリューに
沿って生きる

Living Deeply

セッション6

「恥」を解毒する
コンパッションの力

Meeting Difficult Emotion

セッション7

人間関係の「痛み」を
探検する

Exploring Challenging
Relationships

セッション8

「感謝」とともに
生きる

Embracing Your Life

セッション1

「マインドフル・セルフ・コンパッション」の旅を始めよう

科学的に、自分の内面を深く探検する

セッション1では、いよいよマインドフル・セルフ・コンパッションの旅路を出発しましょう。セルフ・コンパッションの基本の考え方の紹介をしています。普段の自分自身との付き合い方に気づいたり、自分への思いやりがどんなものなのか少しずつイメージが湧いたり、自分に思いやりを向ける心のエクササイズでは、意外な発見をするかもしれません。さあ、始めましょう。

Discovering Mindful Self-Compassion

「人にはやさしいけれど自分には厳しい」——これは世界共通のメンタリティー

多くの人が「なんで自分にやさしくなれないんだろう」と思うかもしれません。じつは、世界共通のものとして、多くの人が、他の人によりも自分に厳しい態度をとる傾向があることがわかってきています。

私がボストンで、マインドフルネスのとあるセッションを受けていた際に、講師のひとりからこう言われました。

「私たちアメリカ人は忙しい競争社会で自己犠牲をしている一方で、アジア人は自分を愛することが当たり前にできる人たちです」

驚きました。アメリカに暮らしている人について「人それぞれの選択を尊重するぶん自分自身のニーズを優先できている」という印象を持つことが多かったためです。**じつは多くのアメリカ人が他者よりも自分に対して厳しく接していると考えていたり、**「西洋に住む人は個人主義だから、東洋の人のほうが自分にもコンパッションをより向けられるのではないか」という考えもあるようです（西洋・東洋と画一的に捉えることに違和感はありますが）。

ネフ博士の予備データでは、アメリカ人の78％が、自分よりも他の人に対して思いやりをもって接するという結果が報告されています。他人よりも自分に対し、思いやりをもって接するという人はたった2％。両方同じくらいだという人は20％という結果です。

さらに、アメリカやタイ、台湾の人々のセルフ・コンパッションの度合いを測る調査では、タイの人々のセルフ・コンパッションがもっとも高く、次にアメリカ、台湾と続くことが報告されました[19]。

ちなみに、私が日本で開催したマインドフル・セルフ・コンパッションでは、参加者の大半が、「他者に対してのほうが思いやりをもって接している」と答えます。とはいえ、2016年に日本で私が初めて8週間のマインドフル・セルフ・コンパッションを教えたときは、3割の人が「他の人に対してよりも自分に対して接するときのほうがやさしい」と答えました。ですから、人それぞれで、ご自身の傾向で、これがおかしい、間違っている、というのはありません。

もちろん文化や個人差によってもさまざまな違いはあると思いますが、じつはグローバルに「他の存在よりも自分に対して厳しく接する」という共通した傾向がみられるようです。

シンプルな「エクササイズ」のあなどれない力

落ち着くような声やスージング・タッチ。これらはセルフ・コンパッションを感じるきっかけになると言われています。哺乳類にとって、タッチ、つまり「触れられている感触」というのは、「思いやり」を感じるひとつのシグナルになります[20]。

スージング・タッチとは、やさしくいたわるように自分の身体に触れることで、自分への思いやりを体感することができ、オキシトシンなどの幸福ホルモンが分泌されると言われています。

スージング・タッチは、本書で登場するすべてのエクササイズに取り入れることができます。普段の生活の中で、自分の身体を感じるひとときを持ちたいとき、ストレスを感じてイライラしているとき、心や身体が苦しいと感じるときなど、ゆったりと呼吸を続けながら、自分をいたわるように、もしよければ身体に手を置いてみましょう。

私が都内でマインドフル・セルフ・コンパッションを主催した際に、金融機関に勤めている男性が参加しました。彼は、最初スージング・タッチにためらいがあったようでした。しかし、プログラムが進むにつれ、自然と胸元に手がいくようになっていました。その後、**仕事の休憩中にもスージング・タッチを取り入れるようになり、この単純なエクササイズの威力を実感**したそうです。

他にも「自分にゆっくりやさしく触れるなんて初めてだ」と興味を持ち、スージング・タッチを続けるようになった人もいました。乗り物の中でも、自分で自分にハグするように身体に触れていると言っています。まわりから見れば、ただ腕を組んでいるように見えるだけ。普段の生活に取り入れることは簡単です。私は、アトピー性皮膚炎で悩んでいる人を対象に、マインドフルネスとセルフ・コンパッションを統合した臨床研究をオンラインで実施しています。かゆみの波が生じ始めたところで、このスージング・タッチをすることで、かゆみのピークがゆるまって落ち着いたり、強くかきむしるのがかわいそうだなと自分の肌に感じるようになって、できるときには、「このくらいにしておこう」とかく時間を短めに切りあげたり、かく強さをやさしめにするなど、コンパッショネイトなかき方や触れ方、症状でつらい思いをしている自分に寄り添う気持ちがなじんできたということでした。

では、具体的なやり方を紹介します。

エクササイズ

スージング・タッチ&サポーティブ・タッチ

手で、身体のいろいろな場所をそっと触れます。自分の身体にとって安全な範囲で、柔軟にやり方や順番は工夫できますので、ここで紹介するやり方を参考にしながら、自由に探検してください。

ご自分のペースで、ゆっくりと間《ま》をとりながら、じっくり進めてください。どこかに手を乗せたり撫でたりするとき、その場所で一旦とどまって、感覚や余韻を存分に味わってください。できれば、まぶたをそっと閉じて試してみましょう。**心や身体がほっとやわらいだり落ち着いたりする（スージング）感覚や、場合によっては、心や身体に必要な内面からの強さややる気が生まれてくるような、支えになる（サポーティブ）感覚が湧き上がってくるでしょう。**

どんなタッチで、どのような感覚が生まれてくるか発見してみませんか。

ゆったりと呼吸を続けて、
自分の手をつないでみます。

片方の手でもう一方の手をそっと包んだり、手のひらを撫でます。

片方の手を自分の頬にそえます。手から伝わるぬくもりや感触をただ感じます。

両方の手で自分の顔をそっと包みます。

両方の腕を交差させて、自分で自分のことをハグするように長く時間をとって抱きしめます。そっとでも、ぎゅっと強くでも。しばらくそのままでいる間《ま》をとりましょう。

腕をやさしくさすることもできます。


腕を楽にほどいて、もしよかったら片方の手を胸元の上に置きます。手から伝わるぬくもりや感触、やさしい重みをただのんびりと感じます。

両方の手を胸元にそえます。

呼吸とともに胸のかすかな揺れを感じるかもしれません。好きなだけ、ゆったりとその感覚にとどまることができます。

下にある手をグーの形にして、上にあるもう片方の広げた手をそっと重ねて包みます。
（これは、「強さをもった思いやり」を体現しています）

手のひらを胸の上と、お腹の上に置きます。息の出入りとともに訪れるふくらみやへっこみ、おだやかなリズム、手から流れ出るぬくもりをただ受け取っています。

今度は両方の手の平をお腹にのせます。そのままの呼吸のリズムとともにひとやすみ。

他にも、あなたにとって、ほっとやわらいだり、支えられているような感覚を感じられる身体の場所へのタッチを自由に探検しましょう。

もし身体のどこかに痛みや、こわばり、疲れや不快な感覚を感じる場所、いたわってあげたいところ、またはどこでも身体や心がしっくりくるところがあれば、そこに自由に手を置いてみてください。

そこにやさしさやいたわりの気持ちを届けるイメージで手を置いてください。

落ち着く場所やしっくりくる場所を自分で自由に探検してみてください。

このエクササイズを紹介するとき、私は10分はとっています。ひとつひとつのタッチの感覚にひたる間《ま》をゆっくり持ちましょう。

私はこの「スージング・タッチ&サポーティブ・タッチ」を、たとえば瞑想のときや、脳の疲労を感じるとき、気持ちがふさぐときなどに行います。

また寝起きには、今朝も呼吸をし、生きて目覚めているという奇跡をかみしめ、苦しみを抱えながらがんばっている自分を抱きしめたり撫でたり、自分の温かいお腹の上にそっと両手をのせて過ごすひとときを持っています。

特別なときでなくても、そっと自分の身体に触れることで自分とつながったり、愛おしさや感謝を感じます。慣れてくると、落ち込んだときにそっと手を胸元に置いたり、自分の腕や手などをやさしく撫でて寄り添う、そんなことがきっと自然に行動として出てくるでしょう。ときには自分で自分を癒すことができ、ときには必要な勇気が湧いてきます。

ただし、スージング・タッチやサポーティブ・タッチはすべての人にとって気分のいいものとはかぎりません。これまでの受講者の中にも、胸元など、手を置くことはどうしてもできないという人がいました。身体に触れられていやな思いをしたなど、つらい体験のある方などにとって、このようなタッチを無理にすすめるものではありません。また、このように自分にやさしく触れることであふれてくる何かに抵抗する気持ちを感じる方もいるかもしれませんね。スージング・タッチをしてもいいと思えるまでに時間が必要な人もいます。自分のペースで十分です。

このように直接自分に触れるのではなくても、きっと、自分自身をなぐさめいたわったり、元気づけるために、すでにしていることがあるかもしれません。これまでの参加者の中にも、ペットを撫でるのを続けたり、お家で大切に育てている植物を愛でたり、湯船に浸かることから始めたいという方もいました。

セルフ・コンパッションの3つの要素
――「自分への思いやり」を育むために

私たちがストレスなどの脅威にさらされているときに、私たちの身体にはどんな反応が起こっているのでしょうか。

大自然でトラが目の前に現れたと想像すると、私たちは、

①戦う（Fight）
②逃げる（Flight）
③固まる（Freeze）

のいずれかの反応を示します。

私たちの実生活における危険は身体的なものだけではなく、精神的なものが多くあるで

しょう。じつは、戦うか、逃げるか、固まるか、という反応が起こっているのです。

精神的な脅威に対し、「戦う」という反応が自分に向かうとき、自己批判をしている状態です。「逃げる」という反応が、内側に向かうとき、孤立に向かっている状態です。「固まる」という反応が内側に向かうとき、頭の中でぐるぐると、同じ感情や考えが繰り返されて、身動きが取れなくなってしまっている状態です。

このような3つの反応と逆の行動を取ることが、セルフ・コンパッションです。ネフ博士の定義によるセルフ・コンパッションの3つの要素とどう合わさっているでしょうか。

戦う ――→ 自分にやさしく
逃げる ――→ 共通の人間らしさ
固まる ――→ マインドフルネス

セルフ・コンパッションは、自分が脅威にさらされている状態から、自分をケアする状態へと移行する手伝いができるでしょう。

①「自己批判」よりも「自分へのやさしさ」を

「他の人はできるのに、どうして自分はこんなにだめなんだ！」と自分に苛立ちや失望を感じたり、自分を責めることがあれば、それは、自分を決めつけるような評価・批判です。きっと私たちの多くがこのような心の習慣やクセを持っているでしょう。

反対に、「自分へのやさしさ」（セルフ・カインドネス）とは、大切な友人に接するように、自分に親切に接し、弱さを理解し、積極的に自分に対して心をオープンにし、必要なときには自分が抱えている痛みがやわらぐように行動することです。このような愛のこもったポジティブな感情は、私たちが何かに立ち向かっていくときに力になります。

②「孤立感」よりも「共通の人間らしさ」の感覚を

他の人はみんなノーマルで幸せそうなのに、自分だけうまくいかないという気持ちにさいなまれたり、何かに失敗したり、もがくとき、こんなことが起きるべきではない、と考えがちです。そして、あたかも自分がおかしいのではないかと自分を追い込んでしまう。私たちの多くは、そういう傾向を抱えていて、愛されたいと願っているからこそ、恥を感じたり、孤立感をおぼえます。

自分は完璧ではないということを、個人的なこととして抱え込むより、人間はみんな完璧ではないと認識していて、自分の不完全さを人として共通の経験の一部として大きな視点で受け止める感覚は「共通の人間らしさ」の感覚です。そして、人生に苦しみは避けられず、みんな苦しむことがある、苦しみを感じることも自然なこととその人間くささを認めています。

③「過剰反応」よりも「マインドフルネス」を

苦しみを感じている自分に思いやりを持ってかかわるには、自分が抱えている身体や心の痛みを避けたり、闘ったり、ただちに解決しようとするよりは、自分が今苦しんでいるということをまずは知っている必要があります。マインドフルネスとは、「今この瞬間、ノンジャッジメンタルに注意を向けているあり方」です。自分が感じているつらさに近づき、それとともにいる勇気のあるプロセスです。

また、目の前の出来事に大げさに反応して、振り回されてしまったり、その混乱が永遠に続くかのように感じたり、その感情に飲み込まれて身動きがとれなくなってしまう状態や、今一時的に感じている感情や状態だけがまるで自分という存在すべてかのように限定して捉える状態などを、過剰同一視（オーバー・アイデンティフィケーション）と呼びます。一方で、気づきのバランスのとれている状態が、マインドフルネスです。

失敗をして心に痛みを感じているとき、私たちは、その痛みよりも失敗そのものに目を向けがちです。すると、ネガティブな思考や感情にどんどん私たちは飲み込まれてしまいます。そして、自分が感じているネガテイブな思考や感情を、自分そのもののように捉えてしまいがち。**「失敗」をしただけなのに、自分自身が失敗作のように追い込まれてしまう。**あたかも自分自身に価値がないように感じたりしてしまうことも。

とあるひとつの出来事が起こっているんだと認識する。ある状況での自分の一側面にすぎないと気がついている。マインドフルネスは、私たちの認知面にゆとりのある気づきをもたらします。

ケアにはやさしさも強さも両面のアプローチがある

セルフ・コンパッションへのアプローチは2つあります。

ひとつは「陰」のアプローチです。温かくやさしく、やわらかな態度。私たちが痛みを感じているとき、思いやりや理解を持ってその痛みとともにいます。自分自身を慰めたり、いたわったり、認めて接します。

もうひとつは「陽」のアプローチです。ただやさしく見ているだけなく、自分自身を守ったり、必要な何かを与えたり、行動していくことと関連するアプローチです。もし誰かがあなたを傷つけようとしたり、自分で自分自身を傷つけようとしたりしていたら、「No!」と自分を守ることも必要です。自分が心から必要としていることに対して「Yes!」を出して、自分のニーズを尊重して満たされるようにしたり、挑戦していく意欲を高めたりもします。さらには他者や社会にとって必要な思いやりの行動をとっていく力も湧いてくるかもしれません。

エクササイズ

セルフ・コンパッション・ブレイク ──「自分への思いやり」でひと休み

普段の生活で、いつでも簡単にできるセルフ・コンパッションの練習です。コーヒー・ブレイクのように、ちょっとした休憩にできるエクササイズです。

スージング・タッチを感じるときや、フレーズを自分に伝え、染み込んでいくとき、まぶたを閉じてみてください。できればやわらかく目を閉じて、または、目を開けている人はきょろきょろせずに、ぼんやりとまぶたを開けて、このエクササイズを試してみましょう。

■つらい経験を思い出す

あなたの今の生活の中でストレスを引き起こしている状況――自分の健康問題や、大切な人間関係での悩み、仕事に関する問題、誰かがあなたのことを尊重しないなど――どんなことでもよいので思い浮かべてみます。ただし、最初の段階の練習なので、大きすぎる問題は選ばないでください（P39の②心の安全を確保するを思い出してください）。

思い浮かべているその問題をながめたり、出てくることを聞いたり、身体の中でいくらか不快感が表れるような感覚をそのまま感じてみるひとときを持ちます。

マインドフルネスの瞑想では、感情が揺さぶられているときには、身体のどこかが反応していると考えられています。感覚を研ぎ澄ませていくと、感情的な不快さが宿っている身体の様子により気づくようになります。

■**マインドフルネス**

ゆっくり、はっきりと、自分自身に次の言葉をかけてみます。

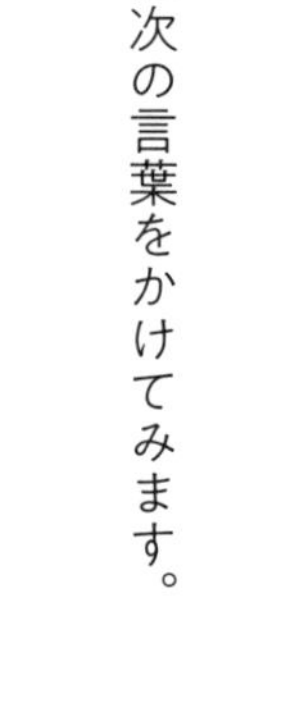

「これが苦しみの瞬間だな」

苦しいとき、そのことを、そのまま気づいている。これは、マインドフルネスです。

他にも自分にしっくりくる表現があるかもしれないので、いろいろな言い方を試してみてください。たとえば「これはストレスが溜まるな」「つらいなぁ……」「はあああ～（ため息とともにまたやっちゃったーという感じや、疲れたーという感じ）」「なんかいい気分じゃないな」「今は苦悩のとき」など。

■**共通の人間らしさ**

そして次の言葉をかけてみてください。

「苦しみは人生の一部です」

これは「共通の人間らしさ」の感覚です。この言葉は、誰の人生も完璧ではなく苦しみがあるということや、苦しみがすべてではないということも表しています。

他にもしっくりくる表現があると思います。

たとえば「そういうこともある」「生きていれば苦悩することもある」「こんなことがあると、他の人たちもこう悩むことがあるだろうな」など。共通の人間らしさを感じるフレーズを思い浮かべます。同じようなことで苦しんでいる人に思いを馳せることもできるでしょう。自分が抱えているつらさを過小評価しているわけではありません。自分を必要以上に追い詰めなくてもいいのです。

■スージング・タッチ&サポーティブ・タッチ

そして、自分の手を胸元にのせます。先ほどのスージング・タッチ&サポーティブ・タッチ（p56）です。または、自分の手のぬくもり、感触、サポートを感じられるようなところ、自分が今しっくりくると感じられる場所に手を置いて、じっくり感じます。身体につながって、触れることで安心を感じることを許します。

■自分へのやさしさ

さらに、次の言葉をかけてみます。

「私が自分自身にやさしくありますように」
「やさしくあり始めますように」
「私が必要としていることを、自分に与えることができますように」

これは自分へのやさしさです。

他にもストレスを感じる状況にいる自分自身が聴く必要のある言葉――やさしさやサポートを感じられる言葉があるかもしれないので、その言葉を自分に伝えてあげてください。たとえば、次のような言葉です。

「私が必要としている思いやりを私自身に与えていますように」
「私が自分自身の味方でありますように」
「私が自分のよさに気づいていますように」

「私が自分自身を許していますように」
「私が完璧でない自分にやさしくありますように」
「私がそのままの自分を受け容れていますように」
「私が愛の中で生きていますように」

今の自分自身にしっくりくるフレーズを探してみてください。

フレーズを探すのが難しいと感じたら、大切な家族や親しい友人が自分と同じ問題で悩んでいると想像してみます。その人にだったら、どんな言葉をかけるでしょうか。もしその人が、自分の伝えた言葉を心に留めて旅立っていくとしたら、どんな言葉であってほしいですか。その言葉を思いついたら、同じメッセージを自分自身に向けてみましょう。

あなたにとってしっくりくるものであれば、フレーズでなくても、なんとなくのイメージや感覚、単語でも十分です。

そしてゆっくりと、まぶたを開けます。

それぞれのフレーズを自分に届けたときや、自分の身体に手を触れたとき、どんな感じがあったでしょうか？　どれかは楽で、どれかは難しかった、こんな発見や変化があったなど、それぞれの体験を大切にしてください。

このエクササイズは、自分への思いやりの3つの要素（P61）と、スージング・タッチ&サポーティブ・タッチが含まれています。全部をしてもいいし、どれかひとつ、ふたつだけでもいいし、順番を変えることも自由にできます。あなたにとって、その瞬間、しっくりくるやり方を選ぶことができます。

これまでの受講者の中には、「～でありますように」では、今そうできていない自分にとってきびしい表現でつらくなる、という人がいました。～であり始めますように、～を学んでいますように、など自由に変えられます。

「自分が感じている苦しみをやわらげるなんて、甘いんじゃないか」と感じる人もいるかもしれません。

マインドフル・セルフ・コンパッションは、むしろ苦しみに近づき、直面するので、決して甘いことではありません。しかし、毎回どんなストレスも感じないといけないかというと、そんなこともありません。苦しみを感じるとき、無防備でなくスキルを持って対応できる術を身につけるトレーニングなのです。そして、そのスキルを自分の中に耕していければ、ここぞというときに威力を発揮できるようになるでしょう。

私は頭部外傷による後遺症があるため、日常生活のあらゆる場面で自分が失った能力や機能に直面します。

「なんでこんな当たり前のこともできないの？」

「こうすべきだ！」

「普通にさえしていればできるはずだ」

「これくらいはして」

と他人に非難されることがあります。

何度説明しても、それは起こります。あの手この手で、対応できるようになんとか努めますが、意識もせずできると思われがちな一連の思考や作業は、私にはもう不可能だったり、難しいのです。ひとつひとつ意識して脳の努力がいるため、以前はなんの努力もいらないと思っていたあたりまえのちょっとしたことに対応するにも脳の疲労は大きく、休みが必要になります。症状の悪化をひきおこすだけでなく、ときには、深いため息とともに立ちすくんでしまったり、恥ずかしさ、喪失感や悲しみ、落ち込みが訪れます。

そこで、私は何をしているか。たとえば、あるときはマインドフルネスや「共通の人間らしさ」の感覚を思い出すようにしています。

「はぁ〜〜〜思うようにできなくて苦しいなぁ」

「こういう悲しい気持ちになることもあるなぁ」

同じような悩みを抱えている人も似た経験をして、苦しんでいるかもしれない、とその人たちに思いを馳せることもあります。こうしていたわりの気持ちを送ることで、自分にも穏やかな気持ちやつながりを与えることを思い出します。

スージング・タッチも加えて、「あーあ……」とため息をつき、ただそっと手をもう一方の手に重ねて撫でたり、**「私が私にやさしくありますように」**とだけ伝えたり、フレーズでなくてもそのときに自分の味方である感覚を自分に伝える、ということも頻繁にしています。せめて自分は自分の感じているつらさを抱きしめ、残されている命や脳の機能を大切にしてあげよう、と。

そうすると、「スージング・タッチ&サポーティブ・タッチ」や、「セルフ・コンパッション・ブレイク」がどんどん生活の中で習慣づいてきます。

これらのエクササイズが習慣づいてくると、苦しみを抱えている自分に気づくとき、自分が愛おしい存在と感じ、ときにはじんわりとパワーが湧いてきます。コンパッションは、私たちが命ある存在であるかぎり、人生の一部として体験する苦しみをそれごと抱きしめて、私たちに寄りそうようなもの。自分や誰かが苦しみを感じているとき、そのつらさを抱えている存在へのエネルギーが湧いてきたり、愛おしい存在であることを再認識し、人生に深みややわらぎ、強さをときには与えてくれると感じています。

自分への思いやりとは、どんな「音」？

日本でマインドフル・セルフ・コンパッションを教えていると、参加者が「セルフ・コンパッションの音は日本だと温泉に浸かった瞬間のような音だ！」と教えてくれました。温泉で湯船に浸かった瞬間に自然に出る声、「はあーーー」。「疲れたな～」という感覚とともに、いたわりのようなものが自然と含まれていますね。

そんな話を、マインドフル・セルフ・コンパッションのプログラムで伝えると、今度は他の参加者が「自分にとっては、仕事の後のビールを飲んだ瞬間の声だ！」と教えてくれました。「ぷはあああ～～～」です。

そんなわけで、セッション1では、湯船に浸かった瞬間の声や、ビールまたは何か好きな飲み物をひと仕事終えた後に飲んだ瞬間の声を参加者みんなでユーモアたっぷり発しています。ぜひ、みなさんも、あなたにとっての「音」を出してみてください。

日本にある「共通の人間らしさ」を感じる力

2018年に、マインドフル・セルフ・コンパッション5日間集中プログラムをガーマー博士と開催した際、彼が参加者を見て感銘を受けていました。

それは、「日本の参加者の『共通の人間らしさ』の感覚は特に強い」ということでした。日本に暮らす人は、共通の人間らしさを感覚的に理解する資質があるため、「共通の人間らしさ」への親和性が高く、苦しいときにマインドフルにそのことに気づき、自分へのやさしさを向けて対応する力を持ちやすいだろうということでした。

このことは、私たちにとって、自分への思いやりを育むことをより容易にすると考えられます。なぜなら「共通の人間らしさ」への理解はセルフ・コンパッションを育む上でキーとなるからです。

日常生活での練習

・スージング・タッチ＆サポーティブ・タッチ（56ページ）
・セルフ・コンパッション・ブレイク（66ページ）

「セルフ・コンパッション・ブレイク」では、たとえば「完璧ではない私にやさしくありますように」「私ならできる！」と自分をいたわり支えながらスージング・タッチやサポーティブ・タッチをするだけでもいいのです。

部屋でくつろぎながら、じっくりと時間をかけてやってみてもいいですし、ストレスを感じているまっただなかの場面で、短かな時間でも自分の中で声かけをすることもできます。慣れてくるといろいろな場面で応用できるようになるでしょう。特に、ストレスを感じる瞬間に試すことをおすすめします。どんな感じがするでしょうか？

セルフ・コンパッションは自分の中にすでにあるものです。なければ、ここまで生きてこられていません。

すでに、あなたが持っている心の力。そして、さらに育み、鍛えられるものです。

「セルフ・コンパッション」という言葉で聞くと、あたかも新しい概念のような印象を与えてしまうかもしれませんが、そうではありません。今してみてもいいと思える範囲で十分ですので、日常生活の中で実践を重ねながら、一緒に耕していきましょう。

セッション2

マインドフルネスで「つらい感情」に気づく

マインドフルネスとコンパッションの両翼を持とう

セッション2では、マインドフル・セルフ・コンパッションの中での「マインドフルネス」の基本的な考え方や実践方法を紹介します。セッション1と2は、マインドフル・セルフ・コンパッションを一緒に冒険していく上で基礎となるような概念的な説明が含まれます。
そして、バックドラフト（セルフ・コンパッションによって「つらい感情」が喚起されること）の説明や、バックドラフトが起きているときにマインドフルネスの練習でどんなふうにバックドラフトに対応していくかなども練習します。

Practicing Mindfulness

マインドフルネスで「土台」をつくる
──「苦しんでいる自分」に気づく

精神的な痛みやストレスの原因というのは、完全に取り除くことはできませんが、セルフ・コンパッションを学ぶことで、やわらげることができます。

自分が苦しんでいるときに、自分に思いやりを向けるには、苦しみを避けるよりまずは**自分が苦しんでいることに気づく（マインドフルでいる）必要があります。**そうでなければ、自分の苦しさに対処することができません。マインドフルネスは、ゆとりやさしい気づきとともに、ヘルシーで新しいやり方で苦しみや不快な感情に近づき、ともにいるスキルでもあります。

セッション1では、セルフ・コンパッションの3要素のひとつにマインドフルネスがあると紹介しました。マインドフルネス、というとどんなものをイメージしますか？

マインドフルネスは、英語圏で先に広がった概念ではなく、元々は東洋の知恵です。今この瞬間に意識を向けて大切に生きるあり方。

ストレスを感じているときの自分のクセ（身体感覚、つい浮かぶ考えや気持ち、思わずとっている行動）を批判せずに観察して気づき、できるだけ自分が選択したい対応をしていくプロセスを通じて、自分を知り、完璧ではないそのままの自分や相手、物事を受け容れて生きていくトレーニングでもあります。マサチューセッツ州にあるハーバード大学の神経学者サラ・ラザー博士らが、マサチューセッツ大学での8週間のマインドフルネス・ストレス低減法の受講者の脳画像を撮影して、受講前後で脳の構造に変化があることを報告したこと[21][22]が話題を呼び、関心がより高まるきっかけのひとつになりました。

痛み×抵抗＝さらなる苦しみ

人間関係で傷ついたり、困難に直面したりすれば、「こんな痛みなどなければいいのに」と当然思うものです。痛みはどうしても避けることができないものですが、身体や心で実際に起きている痛みに抵抗していると、持たなくてもいい苦しみが増えていきます。

「抵抗」とは、この瞬間に経験していることとは、別の経験を望んでいる心理状態です。

たとえば、次のような行動をとっているときに、抵抗している状態に陥っている可能性があります。

・過剰に何かに反応する
・不必要なほど怒りを感じる
・自分が感じている問題を横に置いて見ないようにしている
・仕事をしすぎている
・食べすぎている
・ついつい、スマートフォンをいじって気が散るようにしている
・不安で同じことを何度も考える

抵抗することによって、いやな感情を感じないように自分自身を守ることができるときもあるかもしれませんが、抵抗が過剰な場合、私たちの苦しみが必要以上に大きくなってしまいます。セッション1で、戦うか逃げるか固まるかの反応（p61）をお話ししましたね。たとえば、眠れないことと戦っていると自律神経が高ぶって、よけいに眠りにつけなくなったり、こんな不安な気持ちをもってちゃいけないと戦っているとパニックにおちいっ

たり、喪失感を感じるのが自然な人生の状況にいるときにその気持ちと戦うことで抑うつ感が高まったりすることがあるかもしれません。

あなたが**「ああ、抵抗して苦しみが増えているなあ」と感じるとき、マインドフルネスやセルフ・コンパッションはどんなふうに、あなたの抵抗をやわらげられるでしょうか。**

たとえば、「ああそれは大変だね」と自分の痛みを認めたり、恐れを感じている気持ちに対してオープンに居場所を作ったりすると、どうでしょうか。あるいは、「そういうとき誰だってそんな気持ちになっちゃうよ」と自分を理解しようとしたり、「それはあなたのせいじゃないよ」と自分をちょっとでも許したりすると、あなたのその状況や気持ちは余計につらくなりますか、またはちょっと楽になるでしょうか。

セッション2では、抵抗を手放し、自分の人生で起きている痛みに近づいていく方法を伝えます。ただし、抵抗を無理に取り除こうとするのではなく、抵抗の存在に気づき、受け容れられないと感じていること自体を受け容れるだけでも十分です。努力をして疲れてしまっては「セルフ・コンパッション」ではありません。自分のせいでなく、抱えざるをえないさまざまな痛みや苦しみもあります。自分のことを許しながら、無理のないペースで探検しましょう。

「苦しんでいる自分」を見つめる
——「マインドフルネス」の4つの力

「自分を思いやるレッスン」を進めるうえで、マインドフルネスは、おもに4つの役割を果たします。

①苦しんでいるときに、苦しんでいるということを知る

セッション1のエクササイズ「セルフ・コンパッション・ブレイク」（p66）の冒頭に「これは苦しみの瞬間だな」という言葉があったように、今この瞬間、自分が苦しんでいると気づいてこそ、私たちは自分に思いやりを向けて対応していくことができます。

②感情が落ち着く

自分に思いやりを向けるとき、感情は刺激されます。そんなとき、アンカー（いかり）

をおろすように自分の意識を今に安定させていく役割があります。呼吸や足の裏、音、景色などをアンカーにすることで、セルフ・コンパッションを迎え入れるためのスペースを作る助けになるでしょう。

③身体の感覚を通じて感情に気づく

つらい感情が立ち現れて、なかなか立ち去らないで長居をするときもあるでしょう。実は感情は、頭の中で感じられるだけではなく、身体にも表れています。頭で考えて感情に働きかけようとするよりも、身体から自分が抱えているつらい感情に働きかけるほうが簡単だったり、気づきや変化が鮮明だったりします。その感情を抱えているかもしれない身体の部分と思いやりをもってかかわります。本セッションでは、身体の感覚に好奇心とともに注意を向けながら感情とつきあいます。

④平静さとともにコンパッション「思いやり」を育む

平静さが土台にあるマインドフルネスを培《つちか》うことで、コンパッションとのバランスを保ちながら、クリアに物事を観て、賢く行動する助けになります。コンパッションだけでは危なっかしかったり、でもそれがないと誠実さに欠けたりすることもあるでしょう。

苦しんでいる自分を、ただやさしく包み込む

マインドフル・セルフ・コンパッションでは、自分がもちたくない気持ちや苦しみを直接的に取り除こうとしたり、気分を良くするために違うものに変えようというより、苦しいと感じているから、苦しんでいる自分に対して心を開いて、やさしさを向ける習慣やスキルを身につけることを学びます。自己改善のための新たな戦略とは違います。いったん改善計画は、横においておきましょう。

セルフ・コンパッションは、手に入れなきゃと掘り起こしたりするより、心をやわらかくオープンにしているとき、自然と自分の中から溶け出し、しみわたっていくようなものです。マインドフルネスは意識の中に余裕を作り、コンパッションはそこに温かさをもたらします。その温かさは、さらに心に余裕を持ち続けることを助けてくれるでしょう。

マインドフルネスとコンパッションを無理に区別する必要はありません。マインドフルネスでは、今自分が体験していることをそのまま認識し、受容のあるフレンドリーなかかわり方を、そして、セルフ・コンパッションでは、苦しみを体験している自分自身と受容のあるフレンドリーなかかわり方を強調しています。両翼のように必要なものです。

苦しいときに「いたわりの言葉」を聞くと、感情が爆発してしまうのはなぜ？
――バックドラフト

自分に思いやりを向けることで、必ずしも気分が良くならず、むしろ不快な気分になることもあるでしょう。そのような気分を体験していくことこそが、この冒険旅の鍵をにぎる大事なプロセスになりえます。

このことの比喩として「**バックドラフト**」という言葉があります。

消防士は、燃えさかる建物のドアを開けるときに細心の注意を払います。なぜならドアを開けた瞬間に外の空気が一気に中に流れ込んで、どかんと炎が噴き出すことがあるからです。これが「バックドラフト」と呼ばれる現象です。他のたとえとして、氷に触ったり、極寒の日に手がかじかんで、その手を温め始めたときに一旦痛みが走って温かさが戻るという経験をした方はいませんか。

今まで感じなくていいように自分を守り、閉じておいた心の痛みに、思いやりや愛を向けることで、その心の痛みが一気に噴き出すことがあります。どっと疲労を感じたり、いつも以上に孤独を感じたり、喪失感、悲しみや怒り、イライラ、恥など鮮明な感情が出てきたり、身体に記憶として表れてきたり。この本を読んでくださる皆さんのほとんどが、本書のエクササイズに取り組む中でバックドラフトを経験するでしょう。

私たちの心が苦しんでいるとき、やさしい言葉をかけられると、私たちのハートの扉が一気に開いて、つらい感情が姿を表すのです。これは、セルフ・コンパッションによって作り出されたわけではなく、再体験をしているだけです。

そして、その痛みは、あなたの心にとどまるためにあるのではなくて、あなたのもとを去っていくために出てきた、のです。

マインドフル・セルフ・コンパッションでは、問題探しや古い傷の掘り起こしはしません。しかし、バックドラフトが起きているときにこそ、自分が抱えてきた痛みに寄り添うプロセスを通じて、自分で自分を癒し、傷が癒されていく体感が訪れるでしょう。これまでとは違ったやり方で自分を育て直してあげる（リペアレンティング Re-parenting）プロセスとも言えます。

セルフ・コンパッションへの抵抗

自分に思いやりを向けることへの抵抗感や恐れを感じる人はいませんか？

その抵抗感の奥には、じつは自分を思いやることで生身のつらい感情があふれ出すこと、つまりバックドラフトへの恐れがあるようです。

バックドラフトを感じること自体は、自分の心の安全を気にかけながらゆっくりと進めていれば問題ではありません。「あ、今、バックドラフトを感じているのかもしれないな」「バックドラフトが起きることへの抵抗を感じているのかも」と知っておくと、エクササイズを進めながら混乱や戸惑いを感じるとき、自分の状態を理解してあげる助けになるでしょう。

バックドラフトへの抵抗をどう扱うかが大事です。「セルフ・コンパッションの練習をしているのにこんな気持ちになるなんて、自分のやり方が間違っているのかな、もっと練習しなきゃ！」と力みたくなるかもしれません。そのままの感情や感覚に居場所をあげるより、ついつい知的な分析に走ろうとするかもしれません。自分や誰かを批判したい気持ちが高ぶるかもしれません。

そういうプロセスがありえることを知っておいて、自分をいたわりながらこの冒険旅をしてください。

「うごめく感情」に飲み込まれず、安全に進めるために

ここでは、マインドフルネスを使ったバックドラフトの対処法を3つ紹介します。

つらい感情が湧き起こったら、

①**「あ、これはバックドラフトだ」と心の中で言葉にします。**

そして、そのバックドラフトが起きていてもいい、と認めましょう。

②次に、**その中の一番強い感情を見つけて、その感情にやさしくラベルをはります。**

もし喪失感を見つけたのであれば「私は喪失感を今感じているんだな」と認識します。

その際、責めるような口調ではなく、やさしい口調やトーンを自分に向けることが大切で

す。どんな感情なのか得体が知れずに動揺するより、感情を名付けられると、ストレスや危険を記銘する脳の部位（扁桃体《へんとう》）が過剰に反応しないことがわかっています。

③また、**身体のどの部分にその感情が表れているか注意を向ける**ことも役立つでしょう。たとえば「お腹の中に緊張を感じて締め付けられる」と感じられたなら、思考や感情だけに占拠されたり分析されたりするより、身体の感覚を探検するのです。そして、その部分にコンパッションを向けてみます。慣れてくると、感情より先に身体感覚を感じられることもあるでしょう。身体に不快な感覚が表れるとき、セッション1で紹介した「スージング・タッチ＆サポーティブ・タッチ」（p56）をしてみてもいいでしょう。

この他にも、呼吸のリズム全体にやさしく意識を向けてひと休みすることが一助となる方もいるでしょう。本書では、自分の頭から一番遠い身体の部位に意識を向けることをおすすめします。

それは、いったいどこでしょうか？

「足の裏」です。次のエクササイズを試してみてください。

エクササイズ

「足の裏」を感じて歩く

ずっと座ってこの本を読んでいた方もいるかもしれません。一旦、身体を伸ばしたりするといいでしょう。

その場に立って、「足の裏」をしっかり感じながら、前後左右に少し体を揺らしたり、ひざ下をぐるっと回したり、足の裏にかかる力の変化やバランスを感じてみましょう。

徐々に動きを止めていって、重心を中央に戻し立ちます。

床が、全身をどんなふうに支えているかを感じます。

マインドがあちこち漂ったら、足の裏の感覚に戻りましょう。

では、ゆっくりと歩き始めて「足の裏」の感覚に注意を向けましょう。

片足が持ち上がっていく感覚や、前に進んでいる感覚、そして足が床に着地していく感覚に注意を向けます。そして、もう一方の足が床から離れていって、同じようにします。

歩いていることに存分に意識を向けながら、ゆったりと歩いてみましょう。素足になって歩いてみたり、大人になるとなかなか機会がないかもしれませんが草や、土の上を歩くのもおすすめです。歩きながら、こんなに小さな表面積の足の裏がどんなふうに全身を支えているか、今日も一日自分の歩みを支えているかを味わったり、普段あたりまえだと思いがちですが、**この小さな表面積の足の裏の努力に感謝を向ける瞬間**をもってみます。

もしよかったら、一歩一歩とともに地面に、親切さや平和、愛、またはなんでもあなたが自分の人生で表したいことをそっと刻み込みます。

地面があなたを支えるように、迎えに上がってくるようなイメージでもいいでしょう。足の裏を感じながら、ゆっくりと歩き続けます。

歩みを止め、全身を支えてくれている「足の裏」にあらためて感謝を向けながら、身体丸ごとに気づきを広げて、今何でも感じているまま、そのままの自分を感じることを許可します。

バックドラフトで、心が圧倒されてしまったときや、身体に痛みがうずくときなどは、「足の裏」を意識しながら歩いて、戻ってこられるひとつの対象、足の裏の感覚があることで、心身が落ち着いたり、地に足がついて、安定感を感じられる実践となるでしょう。

車椅子にのっている方は、「足の裏」の代わりに、車椅子にのっている動かしている手の感覚にフォーカスしてみてください。

この瞑想でぜひ経験してほしいことは、ただ単に注意を向けるだけではなく、**自分の**

「足の裏」の感覚とつながることによって落ち着きやあたたかみのあるコンパッションを呼び起こすことです。この瞑想の中で、注意にあたたかみを加えていくポイントが、３つあります。

①**まず、感謝の気持ちを向けること。**「足の裏」をただ感じるのではなく、感謝の気持ちを向けてみてください。すると、地面と足の裏のつながりがあたたかいものになります。

②一歩一歩踏み出すときに、あなたの人生で残したいことを足跡として残すイメージを持つこと。愛や勇気、やさしさ、信頼、やわらぎ……なんでも。これは、瞑想の指導者でもあり平和活動家のティク・ナット・ハン師が教えていることです。

③地面と自分のつながりを感じるときに地面があなたを迎えにくるようなイメージをもつこと。地面とあなたにあたたかな関係性が生まれます。そうすると、まるであなたの足の裏や心が喜んでいるかのように感じられるかもしれません。

「脳の習慣」とマインドフルネス
――脳の休息がもたらす意外なギフト

「瞑想をしようとしても、考えごとが浮かんでしまう、自分には瞑想はできないのでは」

「雑念を払って無にならなくては！」

このように思い込んでいる人は、きっとたくさんいるのではないでしょうか？

ハーバード大学の心理学者キリングスウォース博士とギルバート博士によって行われたある研究がサイエンス誌（２０１０年）に掲載され話題となりました(23)。

２２５０人の被験者にランダムにアプリを使って、

「今、気分はいかがですか？」

「今、何をしていますか？（読んでいる、話している、買い物をしているなど）」

「今、自分がしていること以外について考えていますか？」

と尋ねます。すると、起きている時間のうち46・9％は、今この瞬間していること以外にマインドがさまよっていた、とのことです。

つまり、**活動している時間の半分くらいは、私たちはそのときしていることに注意を向けられていない**ことになります。

では、なぜ私たちの注意は、さまようのでしょうか。

じつは、ぼーっとしているときであっても、何かに集中しているときよりもむしろ脳のエネルギーを消費し活発になっている脳の領域があることがわかっています。

これは**「デフォルト・モード・ネットワーク」**と呼ばれる脳の活動のひとつです。

何かに集中しているわけではないとき、過去や未来のこと、自分が抱えている問題、自分自身のことについて、脳は活発に考えます。

「過去に私にどんなことが起こったか?」

「将来何が起きるかもしれないか?」

ですから、呼吸などに集中しようと思っても、思考が散歩して考えがあれこれ出てくるのは、人間としてとても自然なことです。

デフォルト・モード・ネットワークが活発になっているとき、人はあまり幸福を感じていないとも言われています[23]。この研究では、幸せを感じていない結果としてマインドが漂うのではなく、マインドがさまようということが幸福ではないと感じる原因になっていると報告しています。幸せであるためというよりは、脅威から生き残って進化していくために人間の脳に備わってきた機能ともいえるでしょう。しかし、これによって私たちは感情的な代償（エモーショナル・コスト）を払っているようです。

デフォルト・モード・ネットワークが活発な状態にあるとき、私たちは、人と比較したり、自分のことばかり考えたり、自分には何か欠けていると考えたり、自分のことを批判したりしていることがあると研究で知られています。しかし、瞑想をすることで、このデフォルト・モード・ネットワークがやわらいだり、マインドが漂っていることに気づけるようになります。考えがあれこれ浮かぶこと自体は自然なこと。瞑想は脳をトレーニングすることができて、同じようなことをぐるぐる考える反芻《はんすう》や、自分は十分ではないなどのネガティブな思考から抜け出す助けになります。今この瞬間に戻っていて、自分への思いやりもあると、自己批判の声にどっぷりはまる必要がなく脱出できます。マインドフルネスは、私たちがより安全で幸せに生きるための助けになりえるでしょう。

「脳バッテリー」が3％のまま生きるということ

先にも書きましたが、頭部外傷後、私が脳を完全に休めなければならない期間のことです。自分の脳をスマートフォンにたとえるなら、バッテリーが残り3パーセントのまま生き続けているような状態。生きるために最低限必要なことに脳のエネルギーを選択して使わざるえないのでした。

あれこれ思い悩むことに分配する脳のバッテリーはなく、意図して、生きるために必要なことにのみ脳を使いました。

普段ほとんど意識せずにしていた行動や思考は、「これから起き上がろう」「今から考えよう」と自分を励まし、自分の脳が抱えられる範囲で、少しの文章分を考えるということをしました。しかもその内容は、「よし、今から歯を磨きに行こうね」と自分に心の中で伝えることだったり、料理も、おびただしい脳の処理を必要とするため完全にストップし思考量が増えないようにコントロールしました。

視界に入ってくるものも、脳がその情報を処理しないといけないことを痛感し、台所にコップ1つ増えておいてあるだけでも、自動的に視界を処理するのではなく、その脳の処理に負担を感じるほどでした。

「歯を磨く」という行為でさえ、いかに脳の機能を必要とし、脳のエネルギーを消費するかを体感していました。歯磨きは、1日になんとかできる活動でした。

「歯を磨こう」と自分を励まし、「ああ……3つ認識しなきゃ」と向かいます。歯ブラシ、歯磨き粉、コップ。ひとつずつ見て、認識して、動かして、手に取って。一気に集結して流れ作業のようにしていた認知行動は、ひとつひとつ分解され、脳の疲弊とともにたどり着く。やる気がないわけでも、自分を認識できていないわけでもありません。見た感じではぎこちなさもないでしょう。認知機能を見る検査で、数字を考えたり、ゲームのように何かを考えるような検査を受けるときは、まるで頭の中で濁《にご》った水の中を潜水をするかのようです。答えはわかるのですが、ひとつの数字、計算、ある思考から次の思考を導き出すプロセスには水の中を必死に潜水してひとつの思考にたどり着く感じで、あまりの脳の疲労と痛みの悪化に検査は中断になったり、長時間がかかりました。

「仕事のことを考える」といった高度なことに脳を使うのは、とてもではないですがはるか遠すぎて、頭を使わないようにコントロールしていました。というより、そこに潜水してたどり着くのは不可能でした。

普段の生活の「なんでもない」「頭を使っていない」と思われがちなことに、いかに脳が頑張っているかを痛感し、脳のためにも、負担の大きな思考はしないことを自ら意図し、選択していました。

貴重な脳のエネルギーを、生きていくための最低限のことだけに使っているとき、先の、デフォルト・モード・ネットワークへエネルギーをまわす余力はありませんでした。

何かをしてほしい、うれしい、会いたい、さみしい、そんな自分の気持ちをストレートに感じることができたときでもありました。まっすぐシンプルで、「ああしたらこうなるかも」という推測を考えることを切り捨てられました。切り捨てざるをえないからでもありましたが。得意だったマルチタスクはできなくなってしまいました。

脳のエネルギーの限界が明確だからこそ、どんなことを認知し、思考し、行動するかの優先順位をつけざるをえませんでした（今もです）。

自分の脳の容量を知り、あきらめています（仏教ではあきらめるは本来あきらかに見るという意味だそうです）。

何ヶ月も経ったあと、あれやこれやと文章が浮かんできたとき、「おお〜少し回復してきている！　おめでとう〜」と自分に思ったものです。

現在、参加者の方々と瞑想をするときに「余計な考えごとが浮かんできていやだ」と言われることがありますが、デフォルト・モード・ネットワークも脳の機能。脳が働いていることを責めるより、今ある脳に感謝して「ありがとう」とそっと認めて、また今この瞬間に戻ってくるのはどんな感じがしますか。

日々の生活で脳は酷使されている

生きるための最低限のみに脳を使用していたところから、少し思考を始めると、まったく別モノになった自分の脳にショックを受けました。ハーバードの頭部外傷専門医の主治医がそのことに理解があったのが救いでした。

「君のように thinker（思考する人）だった人には、昔できていた脳の機能とのギャップがより大きくて、そのギャップで苦しむだろう。同じベースラインには戻らないことを理解しよう」

その現象がつらいことを、彼はこれまでの経験から理解をしていました。

その後、私は、パソコンやスマートフォンなどの画面を見たりすることを、できるときには1日1分にして、そして何日も脳を休める、ということからリハビリを始めました。いずれは1日に10分使って、必要な期間休む、とするようにと言われ、実際それが精一杯でした。SNSは3年間閉じました。メールを送られても返信できないし、投稿も見ません。

「メールができないなら電話に答えて」

こう要求されることがありましたが、画面を見るだけでなく、何でもないと思われがちな思考をすることも脳の貴重なバッテリーを費やし大きな負担です。

頭部外傷を経験すると、多くの人があたりまえにしていることも、脳をかなり酷使していると感じています。脳の体力がある人でも、やりこなせているだけで、じつは疲弊をしていたり無理を強いていることもきっとあるのでは、と私は感じるようになりました。

脳の休息が「脳のキャパシティ」を広げる——マインドフルネス瞑想

治療の一環として、光の刺激をやわらげるために薄暗い部屋で横になり、ぎりぎり聞こえるくらいの小さな音量で、そして、かなりゆっくりのスピードにして、瞑想のガイドを聞いて過ごしました。ほかの考えごとは浮かびませんし、意志を持って浮かばせないようにしているので、本書で紹介しているような瞑想を、その言葉と心だけを深く聴き入ることができました。何ヶ月もの間、それだけをして過ごし、**そのときの瞑想浴は私にとって、体感が一番深まった時期でした。**

私の当時の脳と自分のかかわり方は、ハーバードの神経心理学者の知人に話しても「初めて聞いた」と興味をもたれました。デフォルト・モード・ネットワークが働く余裕がないほど、脳のエネルギーが枯渇していたのか、脳の損傷によるものなのかははっきりとはわかりません。でも、脳の持つすばらしく緻密な機能やエネルギーの使い方を目の当たりにし、回復とともにデフォルト・モード・ネットワークも多少はふたたび始まり、これは必ずしも悪いことではなく**脳のキャパシティが広がっていると私は感じました。**

私の脳の機能はベースラインに戻らないことや痛みは完全に消えることはないということははっきり言われていて、今もそれは理解しています。しかし同時に、脳には可塑《かそ》性（変わることができる）があることも教えてもらいました。

普段メールやインターネットを頻繁に使う人や、いろいろと思考をめぐらす人は脳をかなり使っているでしょう。だからこそ休息も必要なのです。

マインドフルネスでは、自分のリアクト（何かあったときに自動的に反射している身体感覚や思考、感情、行動）を観察する練習があります。

あたりまえすぎて自分が自動的になめらかにできているがゆえに日常生活での反射に気づきにくかったり、脳が休みを必要としている状態に気づきにくいこともあるだろうなと感じることがあります。

マインドフルネス瞑想を通じて、脳の休息や充電ができ、しなやかな脳や心をつくる助けになると実感することがあるのではと思います。

3つのコアの瞑想

本書のベースとなっているマインドフル・セルフ・コンパッションには、コアとなる3つの瞑想があります。

①呼吸の瞑想（セッション2）
②ラビング・カインドネス（慈《いつく》しみ）の瞑想（セッション3）
③コンパッション（思いやり）の瞑想（セッション5）

ここで紹介する①「呼吸の瞑想」は、ゆったりとした呼吸のリズムでくつろぐような瞑想です。

どの瞑想もそうですが、瞑想家にならねば、無にならねば、座禅を組まねば、と力む必要はありません。どうぞ、自分への思いやりを身体に向けて、できるだけ心地のいい姿勢を選んだり、クッションや毛布などを工夫して使って身体をサポートしていたわり、瞑想そのものへの態度に思いやりを大切にしながら、試してみてください。ごろんと横になってもできます。今まで「呼吸はここでこう感じるもの」と強調されてきたところがあるかもしれません。どこででも、どんなふうに感じてもいいです。コントロールする必要はありません。間《ま》をゆったりととりながらしてみましょう。

エクササイズ

親愛のこもった呼吸の瞑想

できるだけ身体に無理のかからない心地いい姿勢をとります。

まぶたはそっと閉じます。または、やわらかく目線を置きます。

ゆったりとした楽な呼吸を数回続けて、身体の中にある不要な緊張をほどきます。

胸の上や、またはどこでも、スージング&サポーティブ・タッチで身体のどこかほっとする場所にそっと手を置きます。手のぬくもりや感触を通じて自分自身や、自分の体験に親しみややさしさを向けることを思い出しましょう。

瞑想のあいだ、手をのせたままでも、またはいつでも楽な場所に手を休ませましょう。

それでは、今一番楽に感じられるところで身体の中の呼吸に気づき始めます。

身体に息が入ってきて、そして、ふぅ～と息が出ていく。

入ってくる息で、身体に栄養がいきわたって、そして出ていく息とともに、ホッと楽になっていく感覚に気づくかもしれません。


あなたの身体に、ただ呼吸をまかせます。


あなたが、今しなければいけないことは、他に何もありません。他にどこに行く必要もありません。

息の出入りのリズムを、ただ感じます。今しているままの呼吸。

入ってきては、出ていく。一息一息があたらしい瞬間。

呼吸のそのままのリズムを感じるための時間を少しとります。

愛する子どもや大切な誰かに接するかのように、また、初めて呼吸をするかのように、あなたの呼吸に注意を向けています。

頭の中では、好奇心旺盛な子どもや子犬のように、マインドが散歩するかもしれません。とても自然なこと。

そこで、がっかりする必要も、責める必要もありません。ああ、そういうのが出てくる

んだなぁとただ気づいている。気づいているとき、今この瞬間に戻っているので、喜ぶこともできます。

バックグラウンドに考えごとが残っていてもいいので、ただそっと、やわらかな呼吸のリズムにできるだけ戻りましょう。寄せては返す波のよう。

身体が丸ごと、呼吸のリズムで抱えられているような感じ、呼吸によってゆったりと身体全体がかすかに揺れ動いたり、内側から撫でられるような感覚、そのままにまかせます。心地よさを味わっていいのです。

あなた自身を呼吸にゆだねてしまってもいいでしょう。

まるで海の動きのよう。呼吸のやさしいリズム。

今だけでも、すべての努力を手放すことを自分に許します。

ただここで呼吸をしています。呼吸が今のすべて。

呼吸そのものになっていくような感じかもしれません。

それでは、ゆっくりと呼吸から自由になって、あなたが今感じているどんなことも、感じているままに、そのままの自分でいさせてあげましょう。

ゆっくりと、まぶたを開けます。

何か気づいたことがあったでしょうか。

この瞑想の体験をそのまま受け止めて、起きている感覚を感じることを許して、今の自分自身もそのまま抱きとめていてください。

「呼吸に厳密に集中しなくては」というより、やわらかなあたたかみを向けてあなたの身体の呼吸のリズムを楽しみ、身体が撫でられているような心地よさを味わい、栄養を届けてくれる呼吸への感謝や喜び、身体や心のやすらぎや活力を感じてみませんか。何年も何十年も一番身近にいて呼吸してくれているこの身体。

一息ごとに毎回呼吸に気づかなくてはいけないとか、呼吸だけに集中しなくては、深く長く呼吸しなくちゃ、と力む必要はありません。

生きているあいだ絶えずともにいる呼吸は、何かに注意を向ける瞑想をするときにその対象になることは多いです。しかし、必ずしも呼吸が落ち着く対象になるとはかぎらない人もいるでしょう。私がボストンで瞑想を習っていたときにも、同僚の研究者が、そんな話をきかせてくれました。手術をくりかえし病気の治療を受けている彼女にとって、呼吸は痛みを生じさせることがあって、落ち着くものではないと。他にも、いろいろな事情で、呼吸にゆだねることに不安を感じる方もいます。呼吸とともに身体丸ごとが、なんとなく揺れるリズムをただ味わうだけでもいいでしょう。呼吸にこだわらなくても大丈夫です。

呼吸のかわりに、身体にそっと触れるスージング・タッチの感覚や、聴こえてくる音にフォーカスしたり、本書にも紹介していきますが、いろいろな瞑想があります。

瞑想を通じて発見する「洞察」

はじめて瞑想を経験する人からは、「瞑想中にいろんな雑念が浮かんでくる」と相談されることがあります。

しかし、瞑想中に意識がいろんなところへ行くのは自然なことです。京都大学の健康管理部門・健康管理センターは、「京大ヘルシーキャンパス」(健康を大事にする文化を広める活動)を実施しています。私は京大マインドフルネス&セルフ・コンパッション研究会を精神科医らと立ち上げ、その活動の一環で、京大ヘルシーキャンパスの取り組みとして職員や学生を対象にマインドフルネスの体験イベントで瞑想のガイドをしています。

はじめて瞑想を体験したという人は、20分間の瞑想で次のような経験をしたと報告してくれました。

瞑想中に、反抗期のお子さんのことが頭に浮かんでいたそうです。進学先をどこにするのか、子どもの人生は子どものものだとわかっていても自分のことのように気になって頭から離れない日々……。大事なことだからこそ気になって、ついもめてしまうこともある。その気持ちが瞑想の間にも出てきたそうです。

普段は呼吸に意識を向けていなかったのに、いざ呼吸に意識を向けると呼吸がぎこちなくなり「どうやって呼吸するんだろう」とためらう。

「でも、大丈夫。そうはいっても普段は、呼吸ができている」そう感じたときに、「**子どもが自分で選ぶ人生。子どもだって、やっていける。大丈夫だ**」

とクリアに感じ「自分と子どもとを初めて切り離せた」という感覚がたちのぼってきたそうです。

これは、この人が今までは感じたことがなかった経験だったとのこと。瞑想を通じてあらわれた洞察です。次にその人に会ったとき、「自分の中に戻ってくる場所」があることを前回の瞑想で知ってから、日常生活で気持ちがかき乱されることがあっても、あの感覚、戻ってこられるものが自分自身の中にある、と知っていることで、普段の生活の渦中でも戻ってこられる経験を重ねていました。

マインドフルネス瞑想に大きく影響を与えている「ヴィパッサナー瞑想」。英訳すると「insight（インサイト）瞑想」、和訳では「洞察瞑想」です。

マインドフルネスやセルフ・コンパッションの練習をする中で、彼女のように、「洞察」が生まれることがあります。

もし呼吸に注意を向ける瞑想をしているなら、考えごとがバックグラウンドにあってもいいので、そっとまた呼吸に戻ってみましょう。「戻ってくる」練習です。呼吸に戻ってくるとき、他への執着を手放すことができています。ひとつに注意をフォーカスせずに、現れるまま去るまま、無常のさまを「そのまま」オープンに観察する瞑想もあります。流れ行く雲をそのままに、自分が空になっている感じで、ながめます。

このセッションでは、マインドフル・セルフ・コンパッションの土台になるマインドフルネスについて探検しました。マインドフルネスは「この瞬間、自分が体験していることはなんだろう」と、その瞬間の体験に注意を向けます。セルフ・コンパッションは「この瞬間、自分が必要としていることはなんだろう」とつらい体験などをしている人に注意を向けます。苦しんでいる自分自身に接していくのです。

マインドフルネスは、「ゆとりのある気づきとともに苦しみを感じてみよう」。セルフ・

コンパッションは「苦しんでいるとき、自分にやさしくあろう」というメッセージを伝えています。

マインドフルネスを実践しているとき、自然とコンパッションが含まれています。コンパッションを実践しているとき、マインドフルネスが含まれているでしょう。両翼のようなものです。

「呼吸の瞑想」中に「自分の中に戻ってくる場所」がある感覚を体感した女性の話をしました。ホームを探し求めなくても、じつは自分の中にくつろげるやわらぎがすでにあって、待っている。本来の自分らしさを思い出し、つながる感覚――。自分の中にスペースが生まれて、ほっとひと息つく感覚――。そうすると、コンパッションを向けやすくなりそうですね。

「シャワーを浴びる」もマインドフルネスとともに

この他にも瞑想だけではなく、日々の生活のいたるところで、マインドフルネスもセルフ・コンパッションも実践できます。その積み重ねは大切です。

たとえば、自分が普段、何気なくしている行動から選んでください。シャワーを浴びる、コーヒーを飲む、歯を磨く、歩くなど。

その行動をとっているときに、五感を存分に使い、注意を向けます。考えごとなどがバックグラウンドにあってもいいので、そのことに気づいて、そしてまたなるべく注意をそっと戻し、いつもしているその行動が終わるまで、ていねいに注意を向け続けてください。イライラしていたり、あたふたしている様子にそのまま気づいていること自体も、マインドフル。今この瞬間を何か違うものにしなくては、というより、あなたにとってのそのままの瞬間をみている。結局のところ、どんな瞬間もマインドフルネスの練習になりえます。

マインドフル・セルフ・コンパッションでは、日常生活でのポジティブな体験（喜びや幸せ、感謝を感じられること）へのマインドフルネスをすすめています。あれこれ頭が忙しくなる前の時間帯に普段している活動の中から選んでみるのもおすすめです。

自分が疲れていたり落ち込んでいるときに、日常生活の中で自分でセルフケアとしてしていることを何個か見つけて、それを意識して続けてみてください。たとえば身体へのセルフ・コンパッションとして好きな運動をしたり、早めに寝たり、ていねいに料理したり、心へのセルフ・コンパッションとして、好きな本や映画を観たり、大切な人やペットと過ごしたり。

これまでの受講者には、湯船に浸かっている短い時間にスージング・タッチや呼吸の瞑想をしたり、保湿クリームの香りをかぎながらやさしく肌をいたわるという人もいました。

自分に思いやりを向けることで気持ちが圧倒されるときや刺激が強すぎるときは、いつでもマインドフルネス寄りの練習をしてみください。マインドフルネスにはクーリング、セルフ・コンパッションにはウォーミングの力があるとも言われています。

日常生活での練習

- 親愛のこもった呼吸の瞑想（108ページ）
- 「足の裏」を感じて歩く（94ページ）
- 日常生活でのマインドフルネス
- 日常生活でのセルフ・コンパッション

セッション3

慈《いつく》しみの瞑想で「いい意図」の種をまく

自分の本音のニーズを知る

セッション3からは、さらにじっくりと「体験」を重視しながら実践していきましょう。あたたかな気づきを「あなた自身」にも向けて、ラビング・カインドネスの練習を始めます。あなたの中の心の器が耕されて、自分を思いやる旅路を進めていく力になるでしょう。

Practicing Loving-Kindness

「ラビング・カインドネス」とは？
——コンパッションにつながるあたたかな活力を注ぐ

ダライ・ラマの言葉によれば、慈《いつく》しみの心、すなわち**「ラビング・カインドネス」は、すべての生きとしいけるものが幸せでありますようにという深い願い。**仏教語が英訳されたときにラビング（Loving）とつきましたが、執着のある愛情ではなく、より大きな、オープンで無条件の愛や親しみ（フレンドリネス）のイメージです。

ラビング・カインドネスの太陽が、苦しみの涙と出会うとき、コンパッションの虹がかかる。

これは、私が好きな一節で、ミャンマーの瞑想の先生の言葉だそうです。
仏教では「四無量心」という4つの心のあり方を重んじており、この中にコンパッション（悲）とラビング・カインドネス（慈）が含まれます。残りは、ジョイ（喜）、エクアネミティ（捨）です。

先の言葉を解釈すれば、苦しいことや悲しいことがあって涙があふれているときに、誰かの幸せや自分の幸せを願う慈しみの心が重なると、思いやり（慈悲）の虹がかかる。ラビング・カインドネスはコンパッションにつながる心の持ち方なのです。コンパッションは、生きとし生けるものが苦しみから解放されますように、苦しみがやわらぎますようにという深い願い。これが自分に向かうとセルフ・コンパッションとなります。コンパッションの根底には、「苦しみ」と「慈しみ」のふたつが同居していることになります。

マインドフル・セルフ・コンパッションなどでは、幸せを願う「慈」（ラビング・カインドネス、日本語では慈しみ、慈愛など）も、悲しみをいたわり慈しむ「悲」（コンパッション、日本語でひらたく言うときには思いやり、慈悲など）もひっくるめてラビング・カインドネス瞑想、メッター瞑想、慈悲の瞑想、と呼ばれることがあるようです。

いい感情は「いい意図」の副産物

心理学者のフレドリクソン博士は、人間の心を理解していくときに心の問題の原因ばかりにフォーカスをあてるより、心のポジティブな側面を調べる研究を進めました。心が安らぎや喜び、感謝といったポジティブな状態にあるとき、私たちの気持ちにはゆとりが生まれ、視野が広がり、より創造的になるそうです。「いい意図」からポジティブな「感情」が生まれ、ポジティブな「感情」は、人とのポジティブなかかわり方につながり、ポジティブな人間関係が育まれていく――このいい循環が生まれるということを報告していま[24]す。[25]

いい種をまいて耕し育てていくことが植物の成長を左右するように、自分が持っておきたい「意図」（インテンション・intention）を持ち続けることが、その後に表れる感情や行動、習慣の変容につながっていきます。そしてあなたの人生を形づくっていく。しかし、案外、私たちは自分が持っておきたい「意図」を忘れがちだったりします。

すればするほど「変化を体感」できる

このセッションで紹介する「ラビング・カインドネス瞑想」は、意図を育む練習（インテンショナル・プラクティス）です。**言葉を使って、あなたの心を思いやりのこもった状**

態に保つ練習をしていきます。セッション2で紹介したようなマインドフルネスの瞑想も、ラビング・カインドネスの瞑想も、定期的に続けるほどにポジティブな感情が耕されると、フレドリクソン博士らは言います。

瞑想は、研究で「用量依存的」であると確認されています。[26] つまり、この瞑想を「**すればするほど、変化が訪れる可能性が高まる**」のです。

自分に今表れている感情を変えるために実践するわけではありませんが、ラビング・カインドネス瞑想の実践は、つながりを感じられる豊かな人間関係や、長期的な健康、人生への満足感をも、もたらすようです。[27][28]

エクササイズ

愛する存在へのラビング・カインドネス瞑想

■自分を笑顔にしてくれる存在

まず楽な姿勢をとります。寝そべっても座っていてもいいです。胸元や、または、どこでも自分がほっとしたり落ち着く身体の部分に手を置きます。しばらく手の感触やぬくもりを感じる間《ま》をとって、自分に、この経験に、あたたかさのこもった意図を向けることを思い出してください。

自然に笑顔になれる誰かをひとり、想像してください。気楽でいられる関係の人であれば、子どもや祖父母、犬や猫など、どんな存在でも大丈夫です。

その存在と一緒にいる感覚を、はっきりとイメージします。

その存在と一緒にいるのがどんな感じか、自由に自分が味わうままにさせます。

居心地のいい存在と一緒にいるのを楽しんでいいよ、と自分に許可しましょう。

■その相手を慈しむ

その存在も、あなたや他の存在と同じように、「幸せでありたい」「苦しみがやわらぎますように」と願っています。あなたがイメージした存在も、そのように願っていると認めて、言葉の大切さを感じながら、次のような言葉をかけます。

あなたが幸せでありますように。
あなたの心がおだやかでありますように。
あなたが健やかでありますように。
あなたが安心して生きていますように。

あなたが安全でありますように。

2～3回ゆっくりと心の中で繰り返します。他にも、自分の心の奥から浮かんでくる深い願いをしっくり捉えられるフレーズがあれば、自分の言葉で行います。

考えごとがあちこちにさまよっているなと気づくときは、心にイメージしている愛する存在や、深い願いのフレーズに注意をやさしく戻しましょう。フレーズを心で唱えるときに立ち昇ってきている、あたたかな感覚を味わうのもいいでしょう。

■あなたと私（私たち）を慈しむ

「いい意図」の循環に、よかったら自分を加えます。愛する存在の中に自分のイメージを加えて、ふたりが一緒にいることを心に思い描きます。そして、何度かゆっくりと、次の言葉を繰り返します。居心地のいいその存在と一緒にいる感覚を自由に味わいます。

あなたと私、私たちが幸せでありますように。

あなたと私、私たちの心がおだやかでありますように。

あなたと私、私たちが健やかでありますように。

あなたと私、私たちが安心して生きていますように。

あなたと私、私たちが安全でありますように。


その存在に「ありがとう」と伝えて、今はそっと見送りましょう。

■自分を慈しむ

次に注意をすべて自分自身にフォーカスしていきましょう。

先ほどと同様に、しっくりくる身体の部分に手を当てます。自分の手のぬくもりややさしい感触を感じながら、心の中で自分自身を想像します。

もしどこかにストレスや不快な感じがあったら、ただそのことに気づいて、次のフレーズを自分自身に伝えてあげます。


私が幸せでありますように。

私の心がおだやかでありますように。

私が健やかでありますように。

私が安心して生きていますように。

私が安全でありますように。


もし、他にしっくりくるフレーズがあれば、それを心の中で唱えます。そのフレーズがあなたという存在丸ごとに響きわたっていくままに。

ゆったりと今そのままの呼吸を続けながら、身体の中にのんびりひと休み。この身体にくつろいで心にもくつろぐ。自分が今体験しているまま、そこにあるままに包まれて、少し休憩をして味わいましょう。

ゆっくりまぶたを開けます。


このように、自然と笑顔になれる人に対して、「幸せでありますように」という深い願いを向けてから、その感覚を自分に向けるとやりやすいことが多いため、マインドフル・セルフ・コンパッションではこの順番で紹介しています。

いきなり自分に対しては向けづらい人でも、慈しみのこもった願いを向けやすい人やペット、自然などに、おのずと意図が湧き上がってくる人はいるかもしれません。それを自分に向けることが難しいようであれば、愛する存在と自分自身をひっくるめた「私たち」に対して、幸せを願うラビング・カインドネスや、苦しみから解放されることを願うコンパッション、ひっくるめてあたたかな願いを向ける練習をしてみましょう。

自分のことを大事にかわいがってくれる人、頼りにしてきた人を思い浮かべるのもいいでしょう。その人が自分に向けてくれたような慈しみの感覚を、自分自身にかけるのを許可します。

愛する人へのラビング・カインドネスの瞑想を初めてした30代の男性は、妻を選んでこの瞑想をしてみたところ、彼女のことをこんなにも大切に想っている、ということを感じることができたと驚いていました。

この瞑想や他のエクササイズを通じて、家族と過ごす一瞬一瞬のかけがえのなさを日々感じ、より大切にするようになっていると話してくれました。

京大のヘルシーキャンパスでの瞑想の参加者では、自分の中に自分の幸せを願う存在があることに気づいて、最初は少し違和感があった、ということでした。その後、回数を重ねるうちに、自分の中に自分の幸せを願う存在があることや、その言葉を受け取るということに喜びを感じ、さらに、喜びが安心になっていったと聞かせてくれました。

うつ病の治療を受けている30代の女性は、愛する大切な存在には心から幸せを願いスムーズにこの瞑想をできたけれども、自分に対してはどうしても同じようにできなかった、そうすることにすごく抵抗があるということでした。これはよくあることです。

自分に「幸せを願う言葉」を送ることに抵抗がある人もいます。そんなとき、自分だけでなく「私たち」というふうに、幸せを願う輪の中に自分も一緒に入れてもらう感じでしてみるのはどうでしょうか。

それでも抵抗や不快な感じがあって難しいなと感じるとき、その気持ちを消したり否定したりする必要はありません。

自分に対して「ラビング・カインドネス瞑想」をするまでに個人心理療法を1年間かけた人もいると聞きます。今自分がしてみてもいいと思える範囲やペースで十分です。「ラビング・カインドネス（慈しみ）の瞑想をしよう」と意気込み、それができない自分に新たな問題を作ってしまう必要はありません。その様子にやさしく気づき、ゆっくり見守ってみませんか。

言葉がもつ力

言葉を聴きながら瞑想するなんて不思議な感じがした方もいるのではないでしょうか。

しかし、言葉にはパワーがあります。

「何年も昔に言われた言葉に、今も苦しめられている人はいますか？」

と尋ねると多くの人が「今も苦しんでいる」と答えます。

たとえば、自分が隠していたコンプレックスに対して誰かから浴びせられた言葉が今も心のどこかに突きささったまま残っていて、傷ついている人は多いのです。

自分が聴きたい言葉を聴き続けることにはインパクトがあるので、他の人からの言葉だけでなく、自分が自分に向ける言葉にも気をつけることが大切です。

「愛する存在へのラビング・カインドネス瞑想」では「幸せでありますように」というフレーズを唱えました。「ラビング・カインドネス瞑想」は、自分の言葉を聴く瞑想です。

この瞑想を深めていくために、先ほど紹介した言葉以外にも、あなたの心に深く語りかける言葉を探していくことに興味のある人は、オリジナルの言葉を発見してみましょう。呼吸の瞑想では自分の呼吸をアンカー（いかり）として使ったように、ラビング・カインドネス瞑想では、あなたの身体や心に響く言葉を、あたたかい声のトーンで、アンカーとして瞑想で使っていくことができます。あなたには、さまざまな側面があります。「意図」の部分はつい忘れがち。そこをトレーニングしていきましょう。

「言葉」を発見するための5つのヒント

発見した言葉が本当にしっくりくるかどうか、どのように見極めたらいいでしょうか？

①シンプルで、あなたの本音の、親切な言葉を選ぶ

受け取るたびに感謝したくなるような自分への贈りもの。傑作でなくてもいい。あなたなりのちょっとした詩を作る感じで、気長に続けてみてください。小さな変化であれ、自分にとって何が必要かをしっかり選ぶことが、その後の大きな変化を生み出すでしょう。

ラビング・カインドネス瞑想のフレーズは、聴いた瞬間に、あなたの身体や心が「ふぅ」

と休まる感覚になる、心が微笑む、思わず「ありがとう」と言葉がもれるような、日常生活の中で自分に伝えてあげたいシンプルな言葉です。自分に伝えているときに、頭で議論してしまうフレーズは避けてください。あなたの心や魂が、本音で大切にしたいと願っていたことに心を澄まして聴いて、あなたにじっくりと伝えます。

また同じ言葉でも、しっくりきたり、しっくりこなかったりすることがあるかもしれません。その言葉がいつでも特効薬のように自分を変えてくれると期待をするよりも、その言葉を聴くと、ただ「ありがたい」「うれしい」「そうだよなぁ、本当にそう思うよ」と感じられるやさしさのこもった言葉を選ぶのがいいでしょう。「はあ〜〜」と自然に声が出て、温泉に浸かっている心地よさを感じるような言葉かもしれません。

どんな人の人生にも苦しい状況は訪れ、その苦しみを完全になくすことはできないのかもしれませんが、自分が選んだそのフレーズに癒されたり、じわじわと力になってくれるでしょう。

②言葉そのものよりも、願っているほうの自分自身に重きを置く

ラビング・カインドネスの言葉は、あなたにとっての「願い」であり、覚えておきたい意図。

頭から出てくる言葉そのものに意識を向けるよりも、心や魂から発する声が心を打つというような、自分の中にやすらかにとどまるような感覚が大事です。

たとえば「私が健やかでありますように」「私が幸せを感じていますように」という言葉を選ぶとき、自分が今幸せであるかとか、そうできているかとか、言葉を聞いたときにどう感じるかといった結果や感情に重きを置くより、願っているあなた自身のほうに重きを置いて、あなたという存在に心を込めて伝えてください。

やさしさのこもった言葉を自分にかけるからこそ、セッション2で説明したバックドラフトが起きることがあるかもしれません。押し込めていた気持ちが湧き上がってくることがあったら、それは自然なことで、それも癒しのプロセスになりえます。セッション2を参考にしつつ、ゆっくりいきましょう。

「そんなやさしいこと言ったって、これまでいつも一緒にいてくれなかったじゃない」という自分の声がはっきりと聞こえて驚いた、自己批判の声と長く過ごしてきたことに気づかされた瞬間だったという人がいました。自分の心の訴えに気づいてあげられたことで、そういうときこそ思いやりを向けて、やがてフレーズが見つかったときには涙が出た、自分のがんばりを誇りに思う気持ちとようやくたどり着いた安堵感、それが自信になりました、ということでした。

③パーフェクトを目指さなくていい

自分で選んだ言葉に、居心地の悪さやこそばゆさを感じるという参加者もいました。また、自分に思いやりや愛を向けることが、小っ恥ずかしいという感想が出たことがあります。しかし、だからと言って、心の奥で自分を愛することを必要としていないかというとそういうわけではないようです。

そんなとき、初めから言葉選びに悩みすぎなくてもいいでしょう。というのは、フレーズそのものではなくて、そのフレーズを自分にかけてあげることに、単に慣れていないだけかもしれません。初めて履く靴やジーンズが最初はなじまなくても、だんだんと自分に合ってくることがあるように、最初から「パーフェクトなフレーズを見つけなければ」「一生使い続けるものを見つけなきゃ」と躍起になる必要はありません。

④限定的・条件的なフレーズよりも願いのこもった意図を大切に

また、フレーズは限定的すぎない言葉がいいでしょう。

「私の○○病が治りますように」といった願いになると、目が覚めて○○病が治っていなくてがっかりしてしまうかもしれません。

また、怪我や病気の治療のまっただなかにいる人が、「私は健康だ」というフレーズを作ると、現実と理想のギャップを感じて落ち込んでしまうかもしれません。また、自分を見張ったり、改善・到達しなければとプレッシャーを与えたりする必要はありません。特定の感情や状態を操作し目指すより、意図の部分で深く心から願い、忘れずに心に留めておきたいことをやさしく言葉にします。

⑤表現は自由

「いい意図」を耕し、自分の中にある深い願いに敬意を払う表現であれば、「～でありますように」などの表現にこだわる必要はありません。「勇気をもってふみだしていいよ」など短いひとことや、「幸せ」とだけ願う、というのでも十分です。あなたの中で、意図や願いが自然に呼び起こされるものだったら、なんとなくの視覚的なイメージでもいいかもしれません。

呼び方は、「私が～」「あなたが～」などどんなふうでも、自分に入ってきやすいほうでいいです。親しみを込めて名前やあだ名で呼びかけることもできます。

いい意図の種をまいて、水や肥料をやり、信頼しておく、という心持ちです。

エクササイズ

ラビング・カインドネス（慈しみ）の言葉の発見

それでは、あなたにとっての慈しみの言葉と出会うエクササイズをしてみましょう。

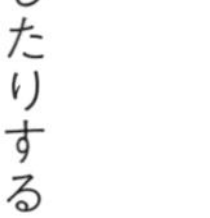

紙とペンを手元に用意してください。
ここでは、言葉を書き留めたり、目を閉じたりすることを繰り返していきます。

楽に座っていても、ゴロンと横になっていてもかまいません。

目を閉じて、胸元や、あなたの身体のどこか心地のいい場所に手を置きます。
自分の身体が静かに呼吸している感覚をじっくりと味わいます。手から伝わる感触を通してあなたも思いやりを受け取るに値する大切な存在だということを思い出します。
ゆっくりと時間をかけて、心をそっと、やさしく開いていきましょう。
ぽかぽかの日差しを受けて、ゆっくりと開いていく花をイメージしながら、心をオープンにしてみるといいかもしれません。

■1つ目の質問「本当のニーズは何か」

「私が本当に心から必要としていることは何だろう」と問いかけます。

あなたの内側から自然に答えが立ち上ってくるのを許可しながら聴いています。

このニーズが満たされないとしたら、あなたの今日1日が満たされないようなもの。

決してあなたに欠けているものを探しているわけではありません。

頭で考えるものではなく、首から下で求めているもの。

すべての人類が普遍的に必要としているような「願い」がいいでしょう。

たとえば、誰かとの関係の中で感じるニーズ（受け容れられたい、認められていたい、尊重されたい、つながっていたい）、より個人的なニーズ（健康、成長など）、他にも、食べ物や安全などへのニーズもあるかもしれません。

ニーズを書き出します。

さらに、書き出したニーズをあなた自身への願いとして書き換えましょう。

たとえば、あなたのニーズが、つながっていたい、やさしくされたいといったものであれば、次のように自分自身が持っている願いとして書き直すことができるかもしれません。

私が自分自身や誰かとつながっていると感じていますように。

私が自分自身にやさしくありますように。


他にも、愛、健康、安全でありたい、自分の存在を誰かに知ってもらいたい、居場所があると感じたいというニーズがあれば、たとえば、次のような言葉に書き換えることができます。


私がありのままの自分に価値があると知っていますように。

身体や心が安全でありますように。

私がひとりぼっちではない、誰かとつながっていると気づいていますように。


もし、他の人から認められたいというニーズが強く出ていると感じる方は、たとえば自分自身にこんなふうにたずねてみます。

「私が世界中から認められているとしたら、どんな気持ちに私はなるだろう」

おそらくリラックスできたり、ほっとしたり、のびのびできたり、笑顔でいられるなぁ、そんな感覚があるかもしれません。もしそうであれば次のような言葉で表現することもできるかもしれません。

私がのびのびと安心していますように。
私が笑顔でいられますように。
私がただこのままで十分でありますように。
私が自分に価値があることを知っていますように。

これらは例です。自分の心の深いところにもっとも響くニーズを自分自身への願いのフレーズにして、書き留めてください。

■ **2つ目の質問「人からどんな言葉を聴きたいか」**

ふたたび、まぶたを閉じてください。
この質問も自分の深いところに触れるかもしれませんので自分が安全だと感じられる、心地のいい範囲で深めていきます。

「私は他の人からどんな言葉を聴きたい、どんな言葉を聴く必要があるだろう」

自分が長い間、聴きたかった言葉をじっくり振り返り、その言葉がやってくるのを待ちます。自分の残りの人生で、毎日耳元でささやいてあげたい言葉があるとしたら、それは何だろうと、勇気をもって聴いてみてください。

私はあなたのことを愛しているよ。
私はあなたのためにいつでもそばにいる。
私はあなたのことを信じているよ。
あなたのことを尊重しているよ。大切にするよ。
あなたはすばらしい人間です。
つらいね。がんばったね。幸せになっていいんだよ。

など、ハートの扉を開けて、「ありがとう。ありがとう」と、何度でも感じられるような言葉がやってくるのを待ちます。

「私はあなたのことを愛してる」という言葉を聴きたいと思っている人がいたとします。
その場合、自分が愛されるに値すると信じたい、知っていたいと思っているので、「私があるのままの私自身を愛し、受け容れていますように」という願いになることもあるでしょう。

「私はあなたのためにここにいるよ」という言葉を聴きたい人であれば、「どんなときも自分の味方でありますように」といった願いにもなるでしょう。「あなたのことを尊重していますように」という言葉を聴きたいとき、「私が自分のことを尊重していますように。大切にしていますように」といったフレーズにもなるでしょう。

「あなたには、とてもいいところがあるよ」という言葉を聴きたい人であれば、たとえば「私が自分のよさを知っていますように。十分だと気づいていますように」といった言葉に置き換えることができます。つらさを抱えてきたことを理解し認めて、寄り添うような言葉だったら、たとえば「私が自分のつらさを抱きしめていますように」「私が思いやりで満たされ包まれていますように」といった、コンパッションをより思い出すようなフレーズになるかもしれません。

誰かから聴きたい言葉は、自分が実現したいことや自分の資質、自分について確実に知っておきたいと願っていることなどに関連することが多いです。

つい忘れてしまいがちだけれども、自分のハートにしっかりと植えつけておきたいような言葉を書き留めてください。

■「ラビング・カインドネス」の言葉をもつ

2つの質問で書き出した自分自身の願いとして表現された言葉の中から、「ラビング・カインドネス瞑想」に使いたいというものを2つ〜4つ選んでみます。

その言葉は、自分が自分に与えてあげられるギフトです。その言葉を覚えておきましょう。目を閉じて、深いところに響くそのフレーズを身体も心も込めてささやきます。身体全体、あなた丸ごとの存在で本当に聴いて、ゆったり浸り、抱かれる時間をとります。湯船に浸かるようにそのフレーズを自分にささやき、フレーズで自分の存在、細胞のひとつひとつを満たしていくような感じです。

どの人も、自分の中にいろいろな側面をもっているでしょう。自分の中にある思いやりにあふれた自分自身から、傷ついている自分や、まだ子どもである自分にラビング・カインドネスの言葉を伝えることもできます。

このような言葉を温かく自分にささやいたとき、聴いたときに何か気づいたことがあれば、ノートに書き留めてみましょう。大事なことは、今あなたが経験したことをそのまま受け取ること。言葉にあなたの意図を込め、言葉に魂がこもったとき、慈しみのフレーズが心に寄り添う存在になるでしょう。

1日の始まりや寝る前の瞑想のひとときに、自分にとって大切なフレーズを唱える人もいます。そのフレーズが染みわたって、何か呼び覚まされたり、溶けていくような感覚があったり、涙がこぼれだすという人がいます。

いくつかフレーズを発見して、それを日々生活の中で唱えたり、文字に書き出して、毎日読んだりする人もいます。そうすることで、自分が大事にしたい意図を明確にリマインドできて、その力を時間とともに実感していくようです。

ある日、もっとぴったりな言葉が思い浮かぶかもしれません。これは、自分にしっくりくる言葉を見つけていく旅の始まりですので、いつでも「聴きたい言葉は何だろう」と問いかけることができます。

私の場合は、イントロダクションに書いた〝May I care for my pain〟というフレーズが、まっすぐと私の心に染み入った初めてのフレーズでした。

当初、そのフレーズは、「私が私の痛みに心をかけてあげることができますように」というものとして、なんのためらいもなくやってきました。初めて聴いたときは、インパクトがあって開眼するような体験でしたが、「まずはできるようになってあげたいな」という心持ちでした。私の心にとどまって、だんだんとなじんできて、やがてそのフレーズは、「私が自分の痛みに心をかけていますように」と、そういえば、少しずつ変化していきました。

ケア（care for）の意味合いも、そのときどきによって寄り添う感じだったり（陰のニュアンスですね）、積極的にケアしたり、エールを送る強さも感じたり（陽のニュアンスです）、自由に、そのときどきのニュアンスを味わうことができるのではないでしょうか。

このラビング・カインドネスの言葉の発見では、参加者からたくさんの質問を受けます。「ふう〜、ほお〜」と身体や心が休まったり、「ありがと〜」と言いたくなるようなフレーズと出会う旅をのんびり続けてください。

日常生活での練習

・愛する存在へのラビング・カインドネス瞑想（123ページ）
・ラビング・カインドネスの言葉の発見（136ページ）

ラビング・カインドネス瞑想のほか、セッション1やセッション2で試したどの内容でもかまいませんので、自分にとって楽にできるものや、心地いいと感じられるものを、できる範囲やペースで続けてみましょう。

しっくりくるフレーズに出会い始めている方もいれば、違和感があったり、フレーズが響かないと感じている方もきっといるでしょう。

自分にやさしさを向けるフレーズを伝えることに慣れていないだけかもしれません。「よくわからないなあ」も、もちろんOKです。あなたの今の体験を何か違うものにしなくては、ということはありません。もっといい発見があったらいいのに、という気持ちがあるかもしれませんが、他の何かを求めなくても、今あなたが体験していることにそのまま気づく、それ自体がマインドフルなあり方です。あなたの体験を大切にしていてください。

落ち込んだときに「たった今、自分が本当に聴きたい言葉は何だろう」と自分に問いかけてみてもいいかもしれません。本書に載せた、いくつかの言葉で練習するのもいいでしょう。

セッション4

「新しい動機づけ」で行動と習慣が変わる

自分の中にある「批判する声」と「思いやる声」に気づく

自分を思いやるレッスンの「泥だらけまっただなか」の旅路へようこそ。
自分を否定する声で責められている自分に対して、いたわると同時に、必要な行動を起こしていく強さもある思いやり。自分をしっかり支えて、思いやる力がもつ新たな側面を発見してみましょう。

Discovering Your Compassionate Voice

ここまで、この本を読んで、今がっかりしている人へ

マインドフル・セルフ・コンパッションでは、その人にとっての進み具合やそこで感じるフラストレーションについて率直に確認し合う時間を持ちます。

ここで、多くの人が「なんのためにこれをやっているのか」「自分にはできないんじゃないか」という状況におちいります。

ここまで読んでくださった人も、「そもそもなぜこの本を読みだしたんだっけ？」と思ったり、期待していたのとちがってイライラしはじめているかもしれません。もしそうだったら、そのように感じていることがうれしいです。あなたが前進しているからこそ感じることだからです。マインドフル・セルフ・コンパッションの泥だらけのまっただなか、セッション4へようこそ。

自分の中にセルフ・コンパッションを育てていく段階について、自分が今どの辺にいるのか確認してみましょう。

自分への思いやりの旅のプロセスには、3つの段階があると言われています。

第1段階 努力し、意気込んでいる

自分を思いやる力を高めたいと強く求め、必死に努力奮闘をしている段階です。「セルフ・コンパッションとやらを手に入れて問題解決するぞ！」「セルフ・コンパッションで自分を変えるぞ」と力んでいて、疲れてしまいかねない状態です。また、過度な期待を寄せている状態でもあります。

セッション1からセッション3で紹介した心の筋トレを通じて、気持ちが落ち着いたり、よく眠れた人の中には、本来大切にしてほしい「意図」を忘れてしまって、結果を手に入れるためのテクニックや、結果そのものに執着したり、今の自分では不十分だから自己改善せねばと考えてセルフ・コンパッションを自己改善のためのツールとして使い始めてしまうことがあります。

もしあなたが、不要なほどに意気込んで、セルフ・コンパッションをマスターするぞと感じているようだったら、その力みを少し緩めることはできそうでしょうか？

第2段階　幻滅している

自分を思いやるレッスンにがっかりして、幻滅する段階です。「これは効く！　とはじめは思ったけど、そうでもないや……」「なんか嫌悪感が出てきた」「自分はうまくできてない」と力尽きたり、自分やプログラムを責めてしまう状態です。この話をすると「自分は今そんな感じです！」という人がいます。私はそんな人たちの後半の変化を見るのが好きです。

セッション2で紹介したバックドラフトのように、このがっかり幻滅期では、マインドフル・セルフ・コンパッションの旅をはじめて比較的すぐに多くの人に訪れるようです。自分を思いやる冒険のプロセスの一部です。今この本を読んでいる他の人たちと、あなたもその経験を共有しています。

もし今、このトレーニングやあなた自身に幻滅を感じているなあという人、自分を思いやるなんていったい本当に自分にできるのか自信がないと感じている人は、そんな気分になっている自分をいたわることはできそうでしょうか。

第3段階　真に受け容れている

そして、第3段階は、自分を根っこから受け容れ（ラディカル・アクセプタンス）、そのままの自分を愛している状態です。私たちは「手放すこと」を学んでいます。今この瞬間の自分をありのまま知って包容していてこそ、変化を生むことができます。とはいえ、この受容の状態にいるからといって、もう何も変わらなくていいというわけではありません。

完璧であらねばという幻想を手放し、受容を感じている人は、その感覚を存分に味わっていてください。また幻滅を行ったり来たりするかも、という疑いや心配が出てきても、今この瞬間のあなたのおだやかな受容の体験を味わう許可を与えてください。

自分の本音を心底きいてあげたり、感じるままにさせてあげたりするのは、勇気がいります。なぜなら心が揺り動かされる感情が表に出てきてしまうからです。そして、問題を洗い出して変えようとするより、「あなたで在る」というのがどんな感じなのかをただしっかり感じ、今感じていることを否定したり、さえぎったりせずに許し、肯定しながら、とことんそのまま感じるというのは、すさまじいパワーがいります。

勇気ややさしさのある気づきに向けて自分を見つめ、自分に立ち止まり、自分とともにいる時間をもっていただきたいと思います。

泥だらけの人生や、完璧ではない自分を認める

マインドフル・セルフ・コンパッションでは完璧な人間、仙人のような存在になることを目指しているのではありません。マインドフルネスやコンパッションを育んでも、怒りや悲しみ、後悔や混乱を感じることはたくさんあるでしょう。何も感じないようにするのではなく、そのような感情もそれごと包むことができる、より大きな器で抱きかかえることのほうを大切にしています。泥のないところに蓮の花なし（ティク・ナット・ハン師の言葉）。他にもCompassionate mess! 人間くささのあるニュアンスで、思いやりとともにとっちらかった心の状態でいよう、と言ったりします。

この3つのプロセスは、じつは一直線に進んでいくとはかぎりません。「よし、第3段階に到達したぞ！」と喜んだときに、力みや執着の入った第1段階に戻ってきたりします。**行きつ戻りつ、段階にとらわれず、ダンスをしながらだ**と思ってください。続けていくことで第1段階や第2段階にとどまる時間が短くなっていくでしょう。進み具合を気にせずに、あなたの旅のプロセスに、思いやりをたやさないで味わいながら続けてください。

受け容れたときに「変化していく力」はついてくる

有名な心理学者カール・ロジャース博士は、こんなことを言っています。(29)

「興味深い矛盾は、私自身をありのまま受け容れたとき、私は変わることができる」

自分で自分を責めてしまう理由

国を問わず、多くの人が「自分を変えなきゃ」という声にとらわれがちです。世界共通で自己批判の声が出てくるということは、その声にも何か目的や役割があるかもしれません。

それはいったい何でしょうか？

自己批判の声には、自分自身を守る目的があるのです。

批判的な声で自分自身を追い詰めている間、その奥で感じているもっとつらい気持ちや感覚を隠して感じないようにしていることがあります。

また、自分への期待を下げて、自分にがっかりしないようにしたり、自分を批判して改善に励むことで、他者からの批判を避けようと思っているのかもしれません。さらに、自分を批判することで（これは幻想なのですが）完璧になれると思っているかもしれません。

このように、内なる批判家の声も、その声なりに、じつは自分がよりよくいられる方向に自分を動かそうとしているのですが、必ずしも私たちの心に安心感ややる気をもたらしてはくれないことがあるようです。

「自分への思いやり」がモチベーションを高める

近年注目されているレジリエンス（逆境からしなやかに立ち直る力）の研究では、自分を思いやること、つまりセルフ・コンパッションの重要性を報告しています。

セルフ・コンパッションが高い人のほうが離婚後に効果的な心の対処をできる可能性がある[30]、退役軍人のＰＴＳＤ（心的外傷後ストレス障がい）が発症するリスクが低いことと関連がある[31]、慢性疾患をもつ患者では、積極性や受容をもってストレスに効果的に対処できるという自信をもち、自分を責めるといった不適応な対処は少ない傾向がある[32]など、さまざまな検証から、セルフ・コンパッションは弱さではなく強さであることが明らかになっているのです。

また、セルフ・コンパッションが高い人のほうが失敗への恐れが低く、失敗した後もまた挑戦し努力を続けるということが、カリフォルニア大学の心理学者らの研究で報告されています[33]。

心の奥に恐れがあって失敗しちゃいけないという気持ちで行動するより、本当に自分にとって意味があることだからやっていこうという姿勢で行動するほうが、モチベーションを維持しやすく、失敗しても立ち直りやすいでしょう。自分自身の批判的なコーチになるより、サポーテイブなコーチになってみませんか。セルフ・コンパッションのレベルが高いと、自分に対して、よりやさしさをもって鼓舞することができます。

健康的なライフスタイルを選べる

自分への思いやりは自分を甘やかすことにつながるのではないか、と疑問を持った人もいるのではないでしょうか。

しかし、これも誤解です。最新のメタ解析では、セルフ・コンパッションが高い人のほうが、身体的に健康であることや、より健康的な行動を選ぶことができると報告されています[34]。

さらに、最近のカナダの研究では、セルフ・コンパッションのレベルが高い人のほうが、運動を中断してしまった後にまた運動をし始めることができることや、[35]循環器系の疾患の発症リスクが高いことを知ったときに健康的な行動をとり始めることができると報告されました。[36]

マインドフル・セルフ・コンパッションの受講生と接していると、「自分を大切にしていい」「自分は価値のある人間だ」という考え方が鮮明に芽生え、自分自身がいたわってあげたい存在になっていくため、食事や睡眠、運動などの面でおのずとヘルシーなライフスタイルを選択するようになっているのを実感しています。

それでは、手厳しい自己批判よりも、思いやりのある態度で、自分を動機づけることができるような探検になるか試していきましょう。

自分の行動や習慣を変える心のエクササイズを紹介します。

ポイントは、自分の中にあるコンパッション（思いやり）の声にも居場所を作っていく点にあります。自己批判による動機づけと、思いやりを持った動機づけの違いを探検して、自分の体感として気づくことが大切です。批判的な声と闘おうとするのではなく、その奥にある意図や努力は理解し、「自己批判的な自分」も自分の一部であることを認めたうえで、新しい声、つまり自分を思いやる声にスペースを与えましょう。

ただし、トラウマ歴がある人にとっては困難に感じる場合もあるので、もし自己批判があまりにも激しかったり、過去に自分を傷つけた誰かの声が聞こえて強い負荷を感じたりしたら、エクササイズの途中でいつでも自由に休憩をとったり、中断したりしてください。

エクササイズ

自分の中にある「思いやる声」を発見する

①自分を「批判する声」を聴く

紙とペンを用意します。

自分がもう変えたいと思っている行動で、その行動をついとってしまうたびに、自分のことを責めてしまうようなものをひとつ書き出します。

たとえば、食べ過ぎ、運動不足、先延ばしをしてしまう、短気など、自分にとって役には立たず、そして、変えることができうる行動です。

自分がその行動をとるとき、普段、自分にどんなことを言っているかを書き出します。

自分の中の批判家は、どんな言葉を使って表現しているでしょうか。

どんな声のトーンでしょうか。言葉がない場合もあるかもしれません。「善し悪しを決めつけられている」など、感覚やイメージでもいいです。

批判というほどではないけれども、なんとなく認めないような感じかもしれません。

②何が批判家を、動機づけているのか？

視点を切り換えます。

批判されていると感じる自分に、触れる時間を持ちます。

批判のメッセージを受け取るときに、どんなインパクトがあるでしょうか。しばし時間をとって、じっくりと身体や心で感じてみます（できるだけ目を閉じて）。

そして、そんな辛辣《しんらつ》で厳しい扱いを受けるなんて、どんなに大変なことかと、自分に思いやりを与えて、「大変だね」「傷つくね」「つらいね」と、その痛みを認めます。

その後、自分の中にいる批判家に対して、好奇心や興味を持って向き合ってみます。

なぜ自分の中にある、この批判の声は、長く続いてきたのでしょうか。

自分の中の批判家は、何らかの方法で、危険から自分のことを守ろうとしているのでしょうか。その結果が好ましくないものだとしても、自分のことを助けようとしているのでしょうか。もし、そうだとしたら、何が自分の中にある批判家をそうさせているのか、書き出してみてください。

人によっては、批判家が自分のことを助けようとしているなんて捉えることができないかもしれません。自分を批判する声は、必ずしもポジティブなものに置き換えられないかもしれません。ときにはそういう自己批判もあるでしょう。そんなときは、過去に自分が自己批判に苦しんだということに対して、思いやりをあげ続けてください。

自分の中の批判家が、何かしらの方法で自分を安全でいられるようにしてくれていたと感じた方は、その批判家なりの努力を認められるでしょうか。

「ありがとう」という短い言葉を書き留めてもいいでしょう。

今はもう批判の声は自分の助けにならないかもしれないけれど、その意図はよかったと、内なる批判家、に知らせてあげてみてください。

③自分を「思いやる声」を聴く

自分を批判する声は聴きました。それでは、今度は他の声のためにスペースを作れるか試していきましょう。

他の声とは、自分の中にある思いやりにあふれた存在からの声です。

自分の中にいる応援団は、自分のことを無条件に愛していて受け容れています。

さらに、賢くてクリアな目を持っています。

先ほど選んだ行動（食べ過ぎ、運動不足、短気など）が、自分を傷つけてきたことを知っています。あなたに変わってほしいと思っています。しかし、先ほどの批判家とはまったく違う理由からです。

スージング・タッチ＆サポーティブ・タッチをします。

両手を胸元において、じっくりと自分の手のぬくもりを感じます。

そして、自分が悩んできた行動についてふたたび考えていきます。

自分の中にいる思いやりのある存在は、あなたに行動を起こしてほしいと思っています。それは、あなたがあなたであることを受け容れられないからではありません。あなたにとってのベストを望んでいるからです。

自分の中にいる内なる思いやりのある存在、応援団をとらえたフレーズを繰り返し聴いてみます。たとえば次のようなフレーズです。

「私はあなたのことを愛しています。だからあなたに苦しんでほしくない」

「私はあなたのことを大事に思っています。だからあなたが変わる手伝いをしたい」

「私はあなたに傷つき続けてほしくない。あなたをサポートするためにここにいるよ」

もし自分を「思いやる声」をイメージしにくければ、自分のことを気にかけてくれる人をイメージしてみることもできます。私のことを大事に思ってくれているその人だったら、今私に何と言ってくれるか、目を閉じて、じっくりと想像してみてください。

④自分への手紙を書く

自分が変えたいと思う行動を思い浮かべながら、目を開けて、自分自身に手紙を書いてみてください。

深い感情や願いからは、何が立ちのぼってくるでしょうか。

変化を起こすために、あなたが聴く必要のある言葉はどんな言葉でしょうか。

「私はあなたのことを大好き。だからあなたに苦しんでほしくない」
「私はあなたを大切に思っているよ。だからあなたが変わるサポートをしたい」
「私はあなたの応援団だよ。手伝えることをしたいし、頼っていいよ」

そのような言葉が聴こえてくるままに手紙を書いていきます。

もし言葉を見つけることが難しいときは、自分が抱えている問題と同じような悩みを抱えている友人と話すときを想像してみてください。その友人にだったら伝えられる言葉、自分のハートから出てくるやさしい言葉を書き出してみると、もう少し簡単かもしれません。

自分の手から流れてくる言葉の感覚を味わってみてください。

しばらく目を閉じて言葉を待って、立ち現れる言葉を綴《つづ》りましょう。

ゆったりと時間をとって、書きます。

この手紙は、時間があるときに書き続けてください。また、必要なときには新しい手紙を書いてみるのもいいでしょう。文字に起こしてみると、ああ、こういうことを自分にいってあげたかった、自分はこういうことを必要としていたんだなあ、とより感じられるでしょう。

大切なことは、私たちが私たち自身により親切にかかわろう、やさしくいられるようにしようと意図を持つことです。そうすることで新しい習慣が徐々に作られていきます。

自分を助けよう、守ろう、として自分を批判していた

私は、先延ばしをしてしまう習慣について、このエクササイズをしたことがあります。エクササイズで自己批判を聴いているときの自分は、「ごめんなさい！」と身体も心も硬く縮こまってしょんぼりしていました。さらに無力感もありました。お先真っ暗で追い詰められてしまう感じや、八方塞《はっぽうふさ》がりですべてがダメだと思い込んでしまうような感じもありました。そこで、自分に思いやりを向け、

「なぜ、こんなに自分を批判しているのだろう？」

と興味を持って近づいてみました。

考えてみると、早めに片づけていれば自分にとっても望ましい結果になるはずなのに、先延ばしをすることで不必要に余計に苦労してしまっていることがよくありました。先延ばしをすることで、後々困り果ててしまうことが多かったのです。

私の中にいる批判家は、私の先延ばしグセを責めているようで、じつは「私に幸せでいてほしい」「私が後で困らないようにしてあげたい」という意図を持っていたのです。それなのに、責め口調になってしまっていることも、同時に発見しました。

その後、私の中にいる思いやりにあふれている存在への居場所を作ると、私のことを無条件に受け容れて、大事に思っているからこそ、私が変わる手伝いをしたいという声を聴きました。

「人に対しては手助けを申し出るのに、自分が困っているときに助けを求めることをしていなかったね」「いろんな人に助けを求めてもいいよ」「応援団員だよ」という声が聞こえました。やらなければならないことを少しでも早めに片づけることに力が湧いてきたり、無力感が減っていきました。八方塞がりになって落ち込んでいたのを、ひょこっと、井戸から顔を出してキョロキョロ見渡したら、案外まだ道は残されて視界が広がってる！　とながめられたような感じでした。

それ以降も、何かの拍子に自己批判の声がちらっと出てくることはあります。でも、批判家は私が苦しい立場になったりしないよう思うからこそ言ってくれている真意をもう私は知っているので、その声を鵜呑《うの》みにせず、「あ、出てきたね、わかったよ〜」と、以前よりは余裕を持ってかかわることができます。そして、批判家の声だけを聴くと、縮こまったり余計に落ち込んでしまうので、「サンキュ♪」と軽く伝えてから、自分の中の思いやりの声を尋ねるようにしています。そのほうが本来の自分の良さや力を信頼して、引き出してあげることができ、勇気が湧いてきます。

この「批判する声」と「思いやる声」のエクササイズは、参加者に聞いてみると、マインドフル・セルフ・コンパッションを通じて印象に残ったものの上位によく入ります。

この心のエクササイズに参加した人の体験に、とても印象に残っているものがあります。自分を思いやることへの戸惑いを感じていた30代の女性の話です。

彼女は、大好きなお母様とけんか別れをして、そのまま母の死に目にも会えなかったという深い後悔を抱えていました。そして、

「母が大好きだからこそ、自分を罰してきた。罰していることで母とのつながりを持ってきた。つながりを断ちたくない。自分を罰して、母に『ごめんなさい』と後悔をアピールしてきた」

と言うのです。後悔や罰など、いろいろな感情や行動があっても、根本にあるのは、「母が大好き」というもので、母を思い慕っていることが胸に深く響きました。

この心のエクササイズをした後、

「私の苦しみの大部分は亡くなった母に関係することだった。自分への思いやりの手紙を書いてみて発見したのは、**自己批判をすることで、母に『愛している』とアピールしていたけれど、それはじつは母にそばにいてほしいという気持ちだった。**これからは自分を愛

することで母を愛し、ずっとそばにい続けていたい」

と話してくれました。

エクササイズ

自分を思いやる「3種類の手紙」を書く

思いやりの手紙を書くことが、長期的な幸福感を高めたり、抑うつ感に効果があるとカナダの心理学者らによって報告されています。

今後続けやすい練習として、3種類の手紙の書き方があることを例として紹介します。

①思いやりのある自分から、自分に書く
②思いやりのある他の人から、自分に手紙を書く
③思いやりのある自分から、他の人に書く

3つの違った視点の中で、自分になじむ方法でやってください。3つの種類を必ずしも書かなければならないというわけではありません。

②の「思いやりのある他の人」は、想像上の人物でも、姿を持たないイメージでもかま

いません。賢くて思いやりや無条件の愛にあふれている誰か、という視点から自分自身に書いてみてください。

③では、思いやりのある自分自身が、もしも自分と同じ悩みに苦しんでいる友人がいたらとイメージして、その人にならどんな手紙を書いてあげたいか、綴ってみてください。

ある参加者からは、このエクササイズで書いた手紙を毎日読むことで、自分が強くなったと感じているという報告がありました。

研究や教育に携わっているその女性は、自己批判の声なりの意図を知ってから、自己批判の声も思いやりの声も、自分の中には愛しかなかったんだ、と気づきました。以前は、仕事仲間からメールをもらうたびに萎縮《いしゅく》して、「自分なんかが……」と縮こまるような感覚で返信していたそうです。そのせいで、「相手は私のことを尊重してしない」と感じる状態だったそうですが、エクササイズで書いた手紙を読むようになってからは、必要なときはノーを伝えたり、対等にメールをできるようになっていき、今では尊重されていると感じられるようになったということでした。

アメリカ人のある大学院生たちにこのエクササイズを紹介したことがあります。その中で、号泣しながら手紙を綴っていた人がいました。彼女に後で話を聞くと、①の自分への思いやりの声を聴いて、自分に手紙を書くときに、「まあこんなもんかな」と感じていたのに、その言葉を友人に向けて書き出したとき、思わず涙があふれ出したそうです。自分に向けたメッセージがなかなか思い浮かばなくても、他の人にだったら伝えたいと思うメッセージをそのまま自分に聴かせてあげるほうがやりやすかったり、より心に響くメッセージを受け取る人もいるのではないでしょうか。そんな手紙を書けたら、どうぞ時折読み返して自分に染み込ませてください。

なかには、自己批判の声は特に聞こえないという人もいます。たとえば、「今日はサボっていいよ〜」とやる気をそぐような声のほうが聞こえてしまって、行動に移したくてもなかなか移せなくて後悔している、ということはあるかもしれません。そんな声を題材に試して、その後で自分を思いやる声も聞いてみるのもいいかもしれませんね。それもなかなか興味深い発見が、自己批判のかわりに、ありそうです。

「大切な言葉」に浸る時間をもつ

最後に、慈しみの瞑想浴に浸るひとときをもって、このセッションを終えます。マインドフル・セルフ・コンパッションのコアの瞑想のうちの2つ目、あなた自身へのラビング・カインドネス瞑想です。

セッション3を通じて、自分への大切な言葉を発見した人はそれを使ってみましょう。ゆっくり探検中の人は、愛する存在へのラビング・カインドネス瞑想（123ページ）で紹介したフレーズを使ってみたり、言葉でなくても、イメージや感覚でも十分です。

あなたの心が、魂が、本音で大切にしたいと願っていたことに心を澄まして聴いて、あなたにじっくりと伝えます。そのメッセージを染み込ませて、響きわたっていくのを許す。そのフレーズが着地して、自分の存在を満たして、しっかりと場所をとるのを堪能しましょう。

エクササイズ

自分へのラビング・カインドネス瞑想

座っていても、寝転がっていても、できます。心地いい姿勢をとって、まぶたをそっと閉じてもいいですし、ぼんやりと目を開けていてもいいです。

ゆったりとした呼吸とともに、あなたの意識をゆっくりと身体の中に、そして今に、おろしていきます。

ゆったりと呼吸のリズムを感じます。

手をそっと胸元や、またはどこでもいたわりやあたたかさを運んであげたい場所に置いて、単なる気づきではなくて、手から伝わる感触やぬくもりを通じて愛や親しみのこもった気づきを、あなた自身や、あなたの今の体験にもたらしていくことを思い出しましょう。心で触れることもできます。

あなたも思いやりを受け取るに値する大切な存在です。

あなたの呼吸によって身体の内側がゆっくりと撫でられているような感覚を味わいます。あなたの身体の中の、呼吸のやさしいリズムを、ただ感じます。

身体のかすかな動き、静かな揺れに、この呼吸に戻ってきます。

呼吸への意識をそっとほどいて、あなたへのラビング・カインドネスのフレーズを思い出してみてください。

そのやさしい言葉、あなたにとって意味のある言葉を、まるで愛する人の耳元にささやくようにあなた自身に、じっくりとささやき、届けてください。

あなたのもとにふう~とやってきて、安らかにとどまっている。あなたが聴く必要のある言葉。

そのフレーズになるべく心をオープンに。身体にそっとささやく。

深いところから語りかけてくれる知恵や思いやりのこもった言葉。

その言葉のやさしさにくるまるひととき――。

あたたかいお風呂に入るように、またはあなたにとって落ち着いて楽~にいられるときのように、この瞑想になんの努力も必要ありません。フレーズにやってもらいましょう。

不要な努力を手放すことを、今、自分に許します。

達成しなければいけないこともないし、特別感じなければいけないこともありません。

今、他にしなければいけないことはないし、どこにいく必要もありません。

人生の舵をとっていいと許可して、今はただ、あなた自身の大切なフレーズをただ味わってください。たとえば……

私が健やかで幸せでありますように
私の身体や心が安心していますように
ただいるだけで十分な存在だと知っていますように
恐れから自由でありますように
愛の中で生きていますように
愛される価値があると気づいていますように……

身体や心に込めて、響かせて――。

その中で清められますように。


この言葉に居場所をあげて、身体で感じる愛の中にどっぷり浸かってみましょう。

そのフレーズが真実であると、今だけでも、感じます。

その言葉たちがあなたを包み込んで、あなたの存在を満たしていきます。

もしあなたの意識が散歩していたら、身体のどこかに触れて、あなたのホーム、この身体に戻ってきます。この大切な言葉があなた自身に向けられていることを思い出します。

そしてまた、あなたの魂にふう～っと安らかにとどまるその願いを受け取って、あたたかいお湯に浸かっているかのようにのんびりと、その言葉をささやき続けます。

今ここで自分の幸せを願う、それを自分に許します。

徐々にそのフレーズから離れます。瞑想からも自由になって――。

いつでも、そのフレーズに会うことができます。

今の身体の感覚、心の中の感覚にひと休み。

今この瞬間、あなたが体験しているままを感じること、そのままのあなたでいることを許します。

余韻をゆったりと味わい、まぶたを閉じていた人は、ゆっくりと目を開けてください。

日常生活での練習

・自分の中にある「思いやる声」を発見する（158ページ）
・自分を思いやる「3種類の手紙」を書く（167ページ）
・自分へのラビング・カインドネス瞑想（171ページ）

慈しみや思いやりを感じるひとときを日々の中で作ってみてください。

「自分を思いやるレッスン」を続けるコツは、「自分がすでに持っている力や自分でも忘れている自分らしさを再発見するチャンス」ととらえてみることです。

練習をしていて、義務に感じ、仕事がひとつ増したような感覚になってしまったら、それはセルフ・コンパッションではありません。自分が実践しやすい方法でゆっくり、少しずつで大丈夫です。

自分を思いやることにためらいを感じたり、練習できないと感じるとき、そんな自分への態度にこそ思いやりのある態度を向けていてください。

セッション5

自分の「コア・バリュー」に沿って生きる

自分の強さや価値とつながり、
他者ともつながる

あなたが人生で大切にしたいことを改めて見つめてひと休み。そして、苦しみの経験の中に強さや美しさをもつ、あなた自身や誰かに思いやりを向けることで、感情的につながることのできる豊かさも探検しませんか。

Living Deeply

最後のコアの瞑想

先にも書いたとおり、マインドフル・セルフ・コンパッションにはコアとなる3つの瞑想があります。ここまで、「親愛のこもった呼吸の瞑想」「ラビング・カインドネス（慈しみ）の瞑想」を紹介してきました。呼吸に包まれ、慈しみの大切なフレーズに包まれる瞑想でした。

本セッションでは最後のひとつ、「コンパッション（思いやり）の瞑想」を行います。これは、呼吸とともに自分と誰かのためにコンパッションを届ける練習です。

息が入ってくるときに、思いやりを受け取ります。そして、もしよかったら思いやりを必要としている人をイメージして、ほっと楽になるような息、思いやりを送り出します。自分が受け取るコンパッションと、相手に届けるコンパッションのバランスは自由に加減することができます。自分のことを見失わずに、自分にも栄養を与えながら自分のことをケアするのを忘れずに誰かを愛する、思いやりに包まれる、そんな瞑想でもあります。

エクササイズ
コンパッションを受け取り与える瞑想

この瞑想では、吸う息や吐く息に意識を向けるときがありますが、毎回「呼吸を意識しなきゃ」と力まなくて大丈夫です。何回かに1回や、なんとなくの呼吸のリズムを感じるのでも十分です。

身体をほぐしたいなあという人は、身体に必要な動きや伸びなどを自由にしましょう。この瞑想も、座っていても、ゴロンと横になってもできるので自分にとって無理のない姿勢でしてください。

まぶたを完全に、またはやわらかく少し下ろします。まぶたを開けている人は、あまりキョロキョロせずに、ぼんやりと目線を置きましょう。意識を静かに身体の中におろします。

胸の上など、いたわりや落ち着き、やさしさを感じられる場所に手を置きます。手から伝わる感覚を通して、このままの今の自分自身や、今体験していることに、思いやりや愛のこもった気づきを育むことを思い出します。

①呼吸を味わう

数回、ゆったりと呼吸をしながら、息が入ってくるたびにあなたの身体すみずみに栄養やエネルギーがいきわたり、息が出ていくごとに身体がやわらいでいくのを感じていきます。

呼吸の自然なリズムを、身体が、それ自身で見つけていくようにまかせます。息の出入りする間合いにゆだねながら、身体の中に息が訪れ、そして出ていくという、そのときの感覚にただ浸ります。呼吸のリズムで、身体がやさしく揺れたり、心地よく身体の内側が撫でられているような感覚を味わうことを許可してください。

②心のこもった「気づき」をウォーミングアップ

息が入ってくるとき、その入ってくる息に注意を向けます。身体の感覚に身をあずけて、入ってくる一息一息をじっくりと味わいましょう。自分のペースでゆったりと。そのままの呼吸を、身体がするままに、ゆだねます。入ってくる息で身体にエネルギーがいきわたるような感じかもしれません。

もしよかったら、息を吸うときに、やさしさや思いやりをあなた自身のために吸い込みます。入ってくる息とともにやさしさや思いやりを感じてみたり、呼吸にのってやさしさの言葉やイメージがただやってくるままに。何かいいものが呼吸にのって入ってくるような感じでもいいでしょう。

今度は、出ていく息にフォーカスを向けていきます。

身体が息を「ふう～っ」と出し、吐く息とともに楽になっていく、安心する感覚。

あなたが大切に思っている人、悩みを抱えて思いやりを必要としている人を、心の中で思い浮かべてみてください。

その人に、自分から出ていく、不安や心配がホッとやわらいでいくような息を向けていきます。

もしよかったら、吐く息とともにその人にやさしさやコンパッションを送ります。特定の誰かではなくて、複数の人たちに送り出すこともできます。

③コンパッションを受け取り与える　ワン・フォー・ミー&ワン・フォー・ユー

思いやりを必要としている誰かのことは一旦手放して、ただ、息を吸ったり吐いたりする両方の感覚やリズムを味わいます。

私のために息が入ってきて、あなたのために出ていく。
In for me, out for you...
One for me, one for you...
思いやり、コンパッションを自分のために招いて、そしてもしそうしてもいいと今感じられるなら誰かのためにも送り出す。私のためにイン、入ってきて受け取って、あなたのためにアウト、送り出されていく。
あなた自身やほかの誰かから自由になって、ただ、呼吸とともに、思いやりや何かいいものが吸い込まれ、そして、送り出されていく、その感覚をゆっくり味わいます。

思いやりを届けるバランスは、自由に調整できます。

私のために多めに与えてもいいし、相手により多く与えてもかまいません。同じくらいのバランスにしてもいいし、今は自分がすべて受け取るのがしっくりくるなら、そうしてもいいのです。複数の人に送り届けることもできます。どんな流れでも、どんなふうでも、今の自分が必要なようにするだけ。今この瞬間、しっくりくるままに不要な努力は手放して、呼吸や瞑想をできるだけ楽にさせています。

あなたの呼吸のリズムが内に漂い、外に漂うままに、限界のない、広大な流れの一部、思いやりの海に自分自身をゆだねます。
今体験しているまま、このままの自分を味わってひと休みします。
そっとまぶたを開けていきます。

思いやりの海に浸り、自分にも誰かにも思いやりの循環に包まれるひとときを過ごした人がきっと多くいるでしょう。

受講者の中には、自分や誰かは分断されるものではなく、結局つながっている。まず自分を幸せにしてあげてこそ始まる。文字通り「思いやり・コンパッションの海」に浮かんで、思いやりが自分の中にあふれ出た、という気づきがあった人もいました。

「自分にたっぷり必要なだけコンパッションを与え、その後であれば嫌いな上司にもほんの1％だけあげられる！」と話していた人もいます。

また、初めてこの瞑想を体験した人で、「今まで吐く息といえば、抱え込みたくないものを吐き出すイメージがあったけれど、大切な家族や感謝をする存在に、いたわりや感謝を送れて幸せな気持ちになれた」という人もいました。中には、吐く息も吸う息もすべて自分に向けることが、今自分が必要としていたことだったと気づいた人もいます。

「コア・バリュー」に沿って生きる
——人生で「もっとも価値を置いていること」を考える

続くセッション6やセッション7では、困難な感情や人間関係と向き合うので、セッション5ではその前にちょっとしたひと息を入れましょう。

まず、あなたの**コア・バリュー（人生で強く価値を置いていること）が何なのか**を認識してみましょう。

コア・バリューとは、なくても生きることはできるかもしれないけれど、それがないと生きる意味がないと感じられるほど、あなたの支えとなり、あなたが本質的に価値を置いているものです。

セルフ・コンパッションの本質を突く問いは、

「私が今、必要としていることは何だろう？」

です。その問いに答えるためには、自分の人生で深く大切に価値を置いていることを知っている必要があります。私が何を必要としているか、という問いは、自分が不十分だから何かを得なくてはいけないという意味合いではなく、自分が芯から必要としていることが何か、という意味合いです。自分の「コア・バリュー」を認識しておくことで、限りある人生の中で自分が必要としていることが明確になり、それを自分自身に与えられるよう、行動を起こすことができます。

人間のニーズとして、どんな人にも共通して、身体的にも感情的にも生き残っていくために必要なものがあるでしょう。安全や健康、つながりなど。

コア・バリューは、自分の命のあるあいだにただ生き延びるためのものではなく、あなたの人生に「意味」をもたらすもの、です。ただ、意味のあることは、生き延びるために必要なこととも重複しますので、人間としてのニーズとコア・バリューは重なるところもあるでしょう。

あなたの人生に「必要なもの」は？

よく混同されるのですが、「ゴール」と「コア・バリュー」は異なります。

ゴールは「目的地」で、コア・バリューは「方向」です。

たとえば、「難関資格の試験に合格する」というゴールを目指していてそれが達成されても、自分が何を大事にしていて、そこからどのような人生を歩みたいか、ゴールを達成した後のコアバリューがわからなければ、結局自分の人生に満足できません。

ゴールは達成するもの、コア・バリューはゴールを達成した後に私たちを導くものであり、自分の中から発見されうるもの、ともいえるでしょう。

自分が本音で大事にしている個人的な価値と、社会的な規範が合致しないこともあるでしょう。その場合、どれが自分が本当に大切に価値を置いていることで、どれが社会的な規範なのかを識別する必要があります。そのためには、自分自身が本音で大事だと感じていたり、そのコア・バリューによって活力や幸せな気持ちが自然と湧いてくる感じがあるか、それともまわりから「これが大事だ」と言われ続けてきたからそうだと思っていたり、自分はこうあるべきと思っていたりするのか、を見極めましょう。

ここで、コア・バリューの例を紹介します。あくまで一例ですが、あなた自身のコア・バリューを発見するときに、どういうものがコア・バリューになりうるのか参考にしてく

コア・バリューの例

冒険　自律　バランス　美　勇敢さ　思いやり　挑戦
創造性　好奇心　決断　公平　信頼　友情　楽しみ　成長
誠実　ユーモア　内面の調和　親切　リーダーシップ　学び
愛　忠誠　意味のある仕事　オープンさ　楽観　平和
喜び　尊重　責任　安全　安定　豊かさ　安心　自信
つながり　決断　威厳　発見　探検　家族　自由
健康　直観　野心　意欲　情熱　成功
エネルギー　意志　公正　根気　質　分け合い
奉仕　朗らかさ　シンプルさ　純真　自発　強さ　伝統
希望　知性　正義　静寂　自然

https://jamesclear.com/core-values
出典:(ジェイムス・クリア氏のウェブサイト)を参考に一部改変

ださい。

自然の中で過ごすことが好きな人にとっては、自然や探検がコア・バリューに含まれるかもしれません。自分自身で決めることを大切にする人であれは、自律がコア・バリューのひとつにあるでしょう。

苦しみは、「コア・バリュー」と関連している

自分の感じる苦しみは、自分のコア・バリュー（人生で強く価値を置いていること）と関連します。

たとえば、激しい競技に挑むことがコア・バリューの人は、ケガを負うことで大きな苦しみを感じるでしょう。室内で

ゆったりくつろぐことがコアバリューの人は、ランニングができないケガをしてしまっても、少しずつ回復すればいいと考えて、室内で楽しむことに時間を費やすかもしれません。また、友人と過ごす時間に価値を置いている人にとって、突然のキャンセルはがっかりしてしまうでしょうが、ひとりで過ごす時間に価値を置いている人にとっては、思いがけない時間のギフトとなるでしょう。同じ出来事であっても、その人のコア・バリューによって感じる苦しみや悩みは違ってくるのです。

次のエクササイズは、あなたの人生を豊かなものにしていくために大切なエクササイズです。あなたという人間を改めて発見するエクササイズでもあります。

加えて、コア・バリューに調和して生きていくうえで、障壁となっているものは何かを探検していきます。そして、あなたがコア・バリューに調和して生きていくうえで（または、どうしても調和して生きてはいけないときにも）、セルフ・コンパッションがどのように助けになるかを探検してみましょう。

エクササイズでは練習用にコア・バリューをひとつ選びますが、もちろんいくつあってもかまいません。

エクササイズ

「コア・バリュー」を発見する

紙とペンを用意します。

できるだけまぶたを閉じてゆっくりと、このエクササイズを進めてください。

■これまでの人生を振り返る

手を胸元（もしくは、どこでもしっくりくる場所）に置きます。

心の中で、自分自身をイメージして、「おかえり」と招いて、自分に微笑みます。

この身体は何年も何十年も、自分とともにいて、一生懸命に幸せな人生を生きようとしていることを改めて感じます。

自分が今、高齢だと想像します。または、自分の人生がまもなく終わると想像します。

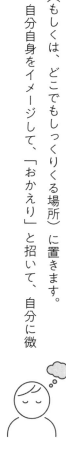

美しい庭に座っていて、今までの自分の人生の年月をじっくりと振り返ってみます。

どんな出来事が深い満足や喜び、充足感、幸福な気持ちにしてくれたでしょうか。人生は必ずしも、いつも楽だったわけではないかもしれない、でもそのときどきに自分のベストを尽くして、自分らしく過ごしてきた。しばし時間をとって深い充足感を得た経験を振り返ります。

どんなことが自分の人生に意味を与えてくれたでしょうか。あなたの人生の中で特に価値を置いて大切にしたいもの。どのようにあなたの人生の中で表現されているでしょうか。

思い浮かんだことを書き留めます。（社会や誰かに対してこうありたいという規範ではなく）個人的なコア・バリューを含めてください。

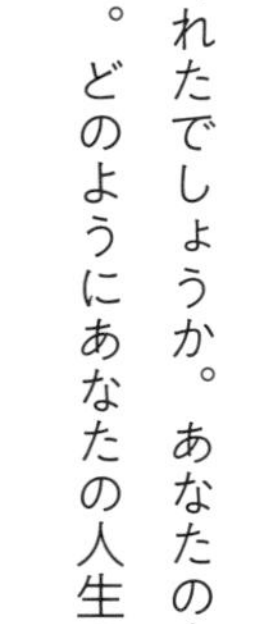

■コア・バリューに調和して生きていない？

人生で大事にしたいコア・バリューのバランスを、今はとれていないと感じることがあったら、書き留めてください。たとえば、自然に囲まれていることに大きな価値を感じているのに、自然の中で過ごす時間をとれていない、などです。いくつか思い浮かぶかもしれません。もちろん複数あっていいです。優先順位は気にしなくていいですが、練習用として、ここでは特に大事なものを、ひとつ選んでください。

■障壁——自分を批判する声など

コア・バリューと調和して生きるのに妨げになっているものはいろいろあるでしょう。そのうち、自分の外側の障壁にはどのようなものがあるでしょう。十分なお金や時間がない。他にしなきゃいけないことがたくさんある。そういった外側の障壁を書き出してください。

一方、**自分の内側にある障壁は何でしょう**。たとえば失敗への恐れ。自分が自分の能力を疑っている。自分を批判する声がある。いったん自分の内側とつながって、じっくりと考えてください。自分で作っている制限にはどんなものがあるでしょう。どのようなものでも書き出します。

■セルフ・コンパッションが助けになる？

人生で大事に持ち続けたいコア・バリューと調和して生きるために、自分への思いやりがどのように助けになるか、じっくり考える時間をとります。

新しい行動を起こしていくうえで必要な安心や自信を感じるために、セルフ・コンパッションをどのように力にしていけるか、考えます。失敗へのリスクを覚悟するために、また、自分のために行動を起こすため、自分にとって、じつは不要な何かを手放すために、セルフ・コンパッションは役に立ちそうでしょうか。
じっくりと考えて、今発見していることを書き留めましょう。

「自分が不十分だから」と責めるより、「自分の幸せを願うから」行動を起こそうとすると、どんな感じがするでしょうか。ためらったり、引け目を感じたりする自分、自信のない自分。そんな自分に、セルフ・コンパッションを向けて、内側の障壁から自由にしてみることは、できそうでしょうか。「幸せになっていい」と自分に許可を与えるとどんな感じがしますか。

■どうしても乗り越えられない障壁

最後に、自分がコア・バリューと調和して生きていくうえで、どうしても乗り越えられない障壁があるとしたら——。そんな試練を感じている自分に対してコンパッションを与えることができそうでしょうか。自分がそのような大切なコア・バリューを持っていることに対して、感謝や尊重、敬意を表す言葉を自分自身に伝えるひとときを持ってみるのもいいでしょう。

このように、人生の厳しい状況にいても、自分の中にある大事なコア・バリューをたやさずに、自分なりに大切にしていくにはどんな方法があるでしょうか。どんなことができそうでしょうか。そして乗り越えられないと感じている問題が「自分が完璧ではない」ということであれば、

「どんな人も完璧ではない」

ということを思い出します。自分のことも許すことができそうでしょうか。自分にやさしく問いかけ、ゆったりと休むひとときをもって、今日のところはエクササイズを終えます。

あなたの人生を生きていくために、あなたが本当に価値を置いているコア・バリュー。そして、そんなコア・バリューに沿って生きるうえで、あなた自身が自分で作っている妨げとなるバリア。そんな自分に思いやりを向けて、必要な行動を応援する。また、どうしても乗り越えられない障壁があって、あなたのコア・バリューを実現できないようなとき、何かしらのやり方で、そのコア・バリューを活かしたり、そんなときこそ、（他の人もそうあるように）完璧ではない自分を許し、思いやる。そんな心のエクササイズを体験しました。

マインドフル・セルフ・コンパッションのトレーニングでは、仕事への熱い思いを抱いている人にもたくさん会います。自分が完璧でないことを許し、受け容れ、自分の本音や真実を大事にしていくとき、仕事の選択やあり方に何か変化はあるでしょうか。

賢くて思いやりのある選択をしたある女性

子どもの頃に海外で育ち、思春期に日本に帰国した30代の女性がいました。「英語や自分の能力を活用して貢献しないと私はここに存在する価値がない」という思い込みを持っていたことに気づいたそうです。国際協力の分野で情熱を持って走り続けて、燃え尽き、心と身体がつながらない感覚になり、体調を崩して帰国。喪失感や、彼女にとって心から思い入れのある大好きなある国に貢献できていない罪悪感。

「これまでは自分にムチ打って厳しくして進化してきたし、物事を解決してきたからその成功パターンで乗り切れるんじゃないか、心も本当は休みたくて『もういいじゃない、がんばったよ。今はちょっと休憩しよう』と、どこかで思ってるのに、『いやいや申し訳ない』とか、『もっとがんばれる』みたいな心の葛藤があることに気づいたのです。自分を受け容れてあげることでよりよい結果が出るなんて、最初信じられませんでした」
と、聞かせてくれました。それが、マインドフル・セルフ・コンパッションでの体験を通じて、**「存在するだけでいいんだよって、自分に思えるようになった」**「貢献してとかじゃなくて、自分がその瞬間ハッピーかどうかにも少し価値を置くようになった」という変化を話してくれました。「海外で仕事をするのは体調上、今はできない。それは変えられないけど、受け容れられる。受け容れてて、そういう自分を愛してあげられるようになった」と。

その後、彼女は、心や身体が安定し、自信もついてきて、海外での仕事が決まりました。治療や自分の身体を大事にできることを前提とした選択なので、彼女にとっては妥協しての仕事ですが、

「今できる自分のベストでやってみよう。それは、逃げじゃないし、逃げ道に行ってもいいんだよ。やってみてダメだったらまた、考えればいいじゃない」

このように自分の背中を押せたということでした。

責める口調ではなくて、招待やちょっとした提案のような感じで、「他のアイデアも自分の中に招いてみよう」「友達にだったら何て言うだろう」「幸せな機会があるんだった

ら、いいんじゃない」と、自分との対話ができるようになったと言います。以来、彼女は自分と対話をしながら、どんどん心が前向きになるという好循環を作り出せました。

障壁となるものを直視しつつ、変えられないバリアを持つ自分を受け容れながら、完璧ではない自分も許して、今までにない新しいやり方で、彼女らしくコア・バリューに沿う生き方を体現しています。

自分のことも大事にしていいのです。自分が不十分だから社会に役立たなければ、という出発点ではなく、存在するだけで自分は十分、と自分の価値に気づく。

そして、自分が幸せにいられるよう、自分を思いやることを自分に許可してから、仕事へのかかわり方を選んだり、社会に役立つ活動にエネルギーを向けたりしてみるとどんな感じがするでしょうか。

ここでは、仕事に思いを持つ人を例に出しましたが、仕事以外でも、自分が人生で大事にしているコア・バリューに障壁があるとき、自分を許し、今の自分にできることを応援するとき、どんな感じがしますか。

エクササイズ

「誓い」とともに生きる

自分のコア・バリューを覚えておくことで、普段から自分を大切にすることができます。自分のコア・バリューと調和せずに生きているときに、不安や不満といった感情が現れると言われています。「間違ったときや間違った場所、間違った人と生きているんじゃないか」と感じている人は、コア・バリューを思い出すいいタイミングです。

コア・バリューは、人生の方向を見失いかけているときに、繰り返し方向づけできる意図や願いのようなものです。自分自身への誓いにもなります。

呼吸の瞑想では、やさしく呼吸に注意を戻します。ラビング・カインドネスの瞑想では、言葉をアンカーにして、大切なフレーズにやさしく注意を戻します。人生そのものにおいては、自分のコア・バリューこそが、アンカーの役割を果たしてくれます。

人生で迷うときに、そっとコア・バリューを思い出すことで、自分が大事にしたい人生の方向や、自分自身のあり方に立ち戻ることができます。

先ほどのエクササイズで、コア・バリューとして出てきたものから、ひとつを選んで、それを人生の約束事としてとらえてみてください。コア・バリューを思い起こすようなものであれば、それは誓いになりえます。たとえば、コア・バリューのひとつが「ユーモア」だという方は「私がユーモアの中で生きていますように」「私はできるかぎりユーモアの中で生きることを誓います」といったフレーズになるでしょう。

まぶたを閉じて、あなたの誓いを、静かに繰り返してください。
その方向に自分の意図をセットするとき、どんな感じがしますか？
しっくりくる感じがするでしょうか？

自分への約束に戻ってこられる、このような誓いのフレーズを、たとえば、朝一番の澄んだ時間に自分にしっかりと伝えて、その意図とともに今日を過ごしたり、寝る前に伝えることで大切な誓いとともに眠りについていく。ほんの小さなことでも十分なので、自分の大切な誓いとつながることができていたら、それにやさしく気づきましょう。
日常生活の中でいつでも思い起こせるように、視界に入るところに誓いを書いておいてもいいでしょう。自分への誓いの種が芽生え、育っていきます。

思いやりのある「あり方」で深くつながる

多くの人が、失敗や試練を恐れる一方で、それ自体が他では学べないレッスンになっていたと感じる体験があるのではないでしょうか。

乗り越えられないと思うほどの苦しみの体験こそが、人生に厚みをもたらしたり、自分の深い内面につながったり、自分も気づいていない能力や強さ、洞察が自分の中にあることを発見したりする機会になるかもしれません。

苦しい経験の中にある「価値」を発見する

マインドフル・セルフ・コンパッションでは講師の体験を話すひとときもあります。

私には、重度のアトピー性皮膚炎に苦しんだ経験があります。10代から20代は暗黒の時代でした。学校に行くことも困難で長く休まざるをえない時期もありました。

全身にひどい症状があり、外出も苦痛だったことを覚えています。顔や首を少し動かすにも、傷だらけだから痛みをともない、表情を変えることができないほどの症状でした。さらに、人はそんな私をジャッジします。たくさんの傷つく言葉も浴びました。身体の苦痛や悲しさのために生きていることがつらい日々でした。その後回復して、表情を動かすことができたり、人と会うときに笑顔で接することができたり、身体を自由に動かせたりと、**この1分1秒の瞬間を痛みなく生きられることに、奇跡のようなありがたみを感じています。**この症状に苦しんでいたときから、自分がもし社会生活を送れるくらい回復したら、同じことで悩んでいる人に役に立ちたいと思ってきました。

エクササイズ

「シルバー・ライニング」を知る

「すべての暗い雲には、シルバー・ライニングがある」という英語のことわざがあります。暗い雲を縁《ふち》どりするように光が見えることがあるように、苦しいこと（暗い雲）にも希望（太陽の光）があることを表現しています。

経験しているまっただなかでは困難を感じている反面、貴重な学びも発見できたという過去の出来事を改めて認識するエクササイズです。あなたの人生の情景をながめ、自分が過去に経験した苦しみに興味を持って、向き合ってみましょう。

ペンを用意します。次の説明を読んだ後、目を閉じて、あわてず、じっくりと、ていねいに時間をとってみてください。

その当時は乗り越えるのが不可能なんじゃないかと思ったほど、非常につらかった人生の悩みや経験で、同時に自分にとって大切な学びをもたらした、そこにシルバー・ライニングがあったと感じられる出来事を思い起こします。

初めてこのエクササイズをする人は、「これは十分に過去のことで解決ずみで、自分が学ぶ必要のあったことを学べた」という出来事を選ぶようにしてください。

雲を縁《ふち》どりする光が見えますか。これをシルバー・ライニングといいます。

すべての暗い雲にシルバー・ライニングがあるとはかぎりません。中には、苦しみだけがあって、その苦しみからは何も学ぶものがなかったという出来事もあるかもしれません。

そのとき苦しんだ自分に思いやりを向けてください。このエクササイズでは、練習のため、あえてシルバー・ライニングのあった出来事の中からひとつを選んでみましょう。

どんな状況で、どんな困難があったのか、書き留めてください。

自分が苦しみに耐えてきたことを認めるやさしい言葉をいくつか書き出してください。たとえば、「それは大変だったね」「それはあなたのせいじゃないよ」「そのときはその状況が起きないようにする方法を知らなかっただけだよ」「それを乗り越えた強さを持っているあなたを誇りに思うよ」などです。

ここで、その試練や危機からでしかおそらく学べなかったであろう深い学びは何だったろうと、じっくりと時間をとって考えて書き出します。

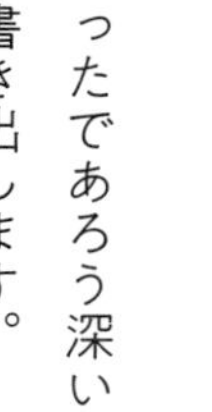

自分がもっているシルバー・ライニングに、どうか敬意の気持ちを存分に伝えてください。このエクササイズをまたしてみるときには、あなたの今の生活の中にあるシルバー・ライニングを選ぶこともできます。

なぜ人の悩みに「アドバイス」をしたくなるのか？

ここまでは、自分自身の苦しい経験を扱ってきましたが、深く生きるためには、苦しい状況にいる他者と深くつながる力も大切な要素です。目の前の大切な人と関係を育み、感情的につながる力は、より人生を豊かにします。

相手が深いところからの分かち合いを求めているときには、相手の話にとても深いところで真摯《しんし》にじっくりと耳を傾けることが必要です。しかし、ひと口に聴くと言っても、悩みを抱える相手の話を聴くことは簡単ではありません。

自分の悩みを誰かに話そうとするときに、相手はどんなふうにあなたの話を聴いているでしょうか。その相手は、アドバイスをしたり、口を挟んだりしますか。

反対に、自分が人の悩みを聴くときは、どのように接していますか。「すばらしいことを閃《ひらめ》いた！　相手はこれを聴くべきだ」と感じて、相手の語りを遮《さえぎ》って自分の演説を始めた経験のある人は、結構いるのではないでしょうか。

そう、じつは、相手の悩みをそのまま聴くことは、難しいことなのです。

なぜなら、聴き手は、話し手の苦しみに共感を持って聴くので、知らずしらずのうちに話し手の苦しみが、あたかも自分のもののように感じられるからです。加えて、話し手の話の中に聴き手自身に解決していない悩みがあったとき、それがきっかけとなり、話し手の苦しい話がより強く感じられてしまうこともあります。

そうなると聴いていることがしんどくなり、話を止めたい衝動に駆られます。話を聴き続けるより、話を遮ることのほうが簡単で、つい反射的にアドバイスしてしまうのです。

他にも、話を聴きながら、自分の思考があちこちに飛んでしまうこともあるでしょう。何かコメントしなければと、目の前の人の話より自分が何を話すかのほうにばかり意識が向いてしまったり。話を聴いているつもりが自分の経験を思い出し、それについて忙しく考えてしまったり、気がつけば相手の話が耳に入ってなかったりなんてことも……。

これらは、ある意味自然なことなのです。

相手と感情の面でつながるために

ここで重要なことは、話し手が「思いやりを受け取りたい」「話を聴いてほしい」「つらさを認めてほしい」と願っているときに話を遮ってアドバイスをすれば、聴き手と話し手の感情的なつながりが壊れてしまう可能性があるということです。

そこで、相手がつらいことを話しているときには、聴いている自分自身に対しても、コンパッションを向けることも大事なのです。相手だけでなく自分の状態にも気づき、自分に必要なコンパッションを与えながら、相手の話を聴くことで、相手と感情的なつながりを保てます。**聴き手が自分の中で起きているリアクションに気づいて受容できているとき**に、相手により思いやりを持つことができるのです。

深い苦しみ、その奥にある強さや美しさ

マインドフル・セルフ・コンパッションの本セッションの原題は「深く生きる Living deeply」です。自分が人生で深く大切にしたいと価値を置いているコア・バリューを発見

するとともに、苦しみを知っている自分とも相手とも感情的に深くつながる「思いやりを込めて聴く（コンパッショネイト・リスニングCompassionate listening）」のひとときを持ちます。身体と心を込めて、そのまま深く聴くリスニングの題材として、先ほどのシルバー・ライニングを実際のセッションでは使います。

「コンパッショネイト・リスニング」は、相手の話を遮らないで聴きましょう、という小手先のテクニックではありません。

その人の苦しみを深いところで聴くとき、あなたの身体もその苦しみを感じるでしょう。大きく揺さぶられるような感覚もあるかもしれません。そんな身体感覚や、そのときに浮かんでくる考え、思わずとりそうになる行動に自分にも思いやりのある気づきを向けながら、自分とも相手ともつながりながら、聴いています。そして、目の前の人が経験した苦しみの奥にある、その人の持つ強さ、美しさ、真摯さをも見ています。その豊かさや厚みに触れるとき、心が動かされ、自分が抱えた苦しみの中にある強さや美しさにも触れて、自分の心の幹を感じ、あなたにもその体験を本音で語る勇気が湧いてくるかもしれません。生きていく中で私たちは苦しみを感じることがあって、そして、そこには強さや、もろさ、美しさ、尊さもあるという「共通の人間らしさ」を感じるでしょう。

コンパッションネイト・リスニングは、日常生活での会話の場面でも実践することができます。悩みを打ち明けている誰かの話を聴くときなどに、ここで紹介するエクササイズを試してみてください。

エクササイズ

コンパッショネイト・リスニング――身体と心で深く聴き合う

話し手との深いつながりを維持するエクササイズを紹介します。思いやりとともに、話を深く聴くエクササイズです。あなたの身体全体、存在自体で聴いてください。

■身体で聴く

まず、身体で注意深く聴きます。**あえて言葉を発しない**で、頭を使うのでなく、**首から下で聴きます。**「相手に何を話そうか」と考えるより、自分自身の身体に注意を向けてください。姿勢や表情は変えられますし、あいづちをうつことはできます。

マインドフルネスでは、何かを感じたり考えたりするときに、身体感覚に表れていると考えられています。私たちは案外、**身体に立ち現れている感覚に注意を向ける**ことをしませんが、話し手の悩みを自分の身体で受け止め、身体で感じる能力を持っています。

苦しみを感じている人の話をこのように聴くことで、**身体的に「共通の人間らしさ」の感覚を味わう**練習の機会になります。ただ単に聴くだけではなくて、「愛を込めて、この瞬間自分が、自分ともその人とともにつながっている状態で、心がそこに存在している(Loving connected presence)」状態で、**思いやりをもって聴きます。**聴いているときに、自分の内側から立ちのぼってくるあたたかさがあったら、それを感じることを受け容れて、表情は自由に変えてかまいません。

■コンパッションを受け取り与える

目の前の相手の話を聴いているはずが、相手の話と関係のある自分自身の話が思い浮かんで気がそれたり、自分の話をしそうになったら、身体で聴きながら、本セッションの冒頭で紹介した「コンパッションを受け取り与える瞑想」を活用します。

いったん自分の呼吸を感じてみます。コンパッションを自分のために吸い込んで、コンパッションを目の前の話し手のために、吐く息とともに送り出していく。自分のために息を吸うとき、自分の心や意識が自分の身体とつながって、息を吐くときに相手とつながる。**あなたが自分自身とまたつながれて、身体でまた聴けるようになるまで、コンパッ**

ションを吸って吐くということを数回ほど繰り返します。

そして、目の前の人の話をただ聴いています。

このように、身体や呼吸を使ってコンパッションを受け取り与えているほうが、何か自分が言いたい！　というモードに走らずに、自分のこともケアしながら「目の前の人とともにいること」に戻る助けになります。

次に何を言うかとばかり考えたり、何かを言いたい衝動にかられたり、言わなければいけない気がしたりするかもしれませんが、身体の感覚や呼吸を支えとして、**ただ聴くだけでいい**のです。

このような聴き方をしてみるとき、とまどう人は多くいます。実際に聴き手になると、「その人の苦しい体験を聴いているうちに、ずどーんと胃も重くなって、その人が見出した希望を聴いているときには自分の身体が楽になっていくのを感じた」という人もいます。

「職業柄、人の話を聴くとすぐに言葉を返したり、分析したり、取り繕った表面的な会話のやり取りをする習慣が染み付いていたことに気づいた」という人もいました。まだ条件付けされていない、子どものときの自分の会話の仕方を「ああ、こんな感じだったなあ」と懐かしく思い出したそうです。

逆に、このように自分の話を聴いてもらった場合はどう感じるでしょうか。マインドフル・セルフ・コンパッションの参加者では、これまで他の人に打ち明けたことのない個人的な話を、「話せるかな」「どんな気持ちになるかな」と不安を感じながらグループのペアの人に語ってくれた人がいました。深く、そのままを聴いてもらえて、安心して話して満足できたことに、喜びを感じていました。他にも、「批判も意見もされない」と知って、相手に話すことがこんなにも安心でき、聴いてもらって満足を感じられるということに驚愕した、という医師もいました。それ以降、自分の診察場面で、できるときにはコンパッショネイト・リスニングを取り入れているそうです。

クリストファー・ガーマー博士とともに京都でマインドフル・セルフ・コンパッション5日間トレーニングを教えたときに、私は、前述した自分のシルバー・ライニングの話をしました。参加者のみなさんにただ聴いてもらって話していたとき、今も私の心の特別な場所にあり、苦しみを経験し耐えていた当時の自分へのいとおしさや、その中でも懸命に生きてきた自分への思いやりがあふれ、あたたかな涙がこぼれました。

受講生のみなさんが、そんな私の話を聴いていたときの姿、光景こそが、クリストファー・ガーマー博士が日本に暮らす人々の「共通の人間らしさ」の感覚の強さを感じたという瞬間だったのでした。

聴いてくれていた人の私へのあり方、その人のあり方そのものにも心を打たれました。このような聴き方、あり方を私たちは自分にもしてあげられます。そんなありかたで、ただ深く聴くとき、自分や大切な誰かの心の奥行きに触れ、自分たちの大切な部分でつながり合えるのを感じるかもしれません。

セッション6への旅を進める前にひと息いれるセッション5ですが、実際には「ひと息つくどころか、ぐったり疲れた～」と言われることもあるセッションなのでした。あなたにとってはいかがでしたか？

日常生活での練習

- コンパッションを受け取り与える瞑想（179ページ）
- 「コア・バリュー」を発見する（189ページ）
- 「誓い」とともに生きる（197ページ）
- 「シルバー・ライニング」を知る（200ページ）
- コンパッショネイト・リスニング（207ページ）

Retreat

思いやりの「瞑想浴」に浸かるひととき

——思いやりのボディスキャン

マインドフル・セルフ・コンパッションでは、セッションの後半に、4時間の沈黙の瞑想会を行います。静かな環境の中で、普段よりゆったりと瞑想を行い、これまでの練習を統合するひときを持ちます。まさに思いやりの海に浸かる瞑想浴。その際に紹介する瞑想のひとつ、「思いやりのボディスキャン」をしてみませんか？

思いやりのボディスキャンの瞑想というのは、とても大事な練習です。自分の身体の健康状態がどのような状態であっても、この瞑想によって、**じつはいつも一番身近にともにいる自分の身体に親しみを向けて自分の身体と友達になる**と、コンパッションや信頼を自分に向けやすくなります。自分の身体との新しい関係性を育むための瞑想です。自分の身体とのかかわり方が、親しみややさしさ、感謝、いたわりに満ちたものになるのです。

自分で、身体の声をていねいに聴きながら、**身体の各部位（細かくでも大雑把にでも）に順に、思いやりのこもった注意を向けていきます。身体の部位への注意を移しながら、感謝や、やさし**

さ、**心をかけながら、今この瞬間に感じるどんな感覚にも意識を向けていく**のです。

たとえば、左の足の指先～左のふくらぎ～太もも……というように足元から頭のてっぺんまで、順にそっと注意を向けていきます。完璧にしなくては、とか、順番や部位を決まった流れでしなければ、というのはありません。細かく身体のそれぞれの部位に注意を向けるときは40分程度は時間がかかるでしょう。細かな部位にではなく、脚全体など、大きめのくくりで注意を向けるなど柔軟に工夫することで短い時間でも自分の身体とつながるひとときを持てるでしょう。

やわらかみや思いやりを向けて、身体や心で受け取る、自分の身体を喜びとともに味わい愛でるような感覚で、この身体がいかに自分のために日々働いてくれているかということに感謝を向けます。身体のどこかに苦痛を感じている人も、じつは身体が機能してくれている部位にも改めて気づいたり、新しい可能性を感じる体験をするかもしれません。

大切なポイントはこちらです――

▼楽な姿勢をとります。仰向けに寝っ転がってするのをおすすめしますが、自分にとって安全に感じられる姿勢が一番大事です。ソファに座っていてもできます。これまでの参加者の中で、腰を痛めていた人は、自分の身体の感覚をマインドフルに感じて、思いやる選択をし、うつ伏せを選んで試した人もいます。電車に乗っているときにする人もいます。

痛みや緊張など不快な感覚のある身体の部位があったら——

▼やさしさや理解、サポートを向けてみる。

▼たとえば、「私の○○が健やかでありますように」「安心していますように」「楽でいられますように」という、思いやりのこもったフレーズをその身体の部位へ届けてもいい。

▼その身体の場所に手からあたたかさが流れ出ていくようなイメージで、いつでも、そっと触れたり、撫でてもいい（スージング・タッチ＆サポーティブ・タッチ）。心で撫でてもいい。

健やかだなあと感じられる部位や、特に不快な感じもない部位には——

▼感謝を、その場所に向けてみる。

あまりに強い不快な感覚や、心への動揺が強すぎる部位があったら——

▼いつでもその部位の感覚を観察するのを飛ばしたり、呼吸にのんびりひと休みしたり、手を胸元などに置いてやさしさを受け取ったり、ニュートラルに感じられる身体の感覚にひと休みしてもいい。

▼この練習を、できるだけあなたにとってやさしくおだやかで、安心できるものにしてください。

「今自分が感じているまま感じていい」と自分に許可します。自分がしっくり感じられるやり方でＯＫです。小さな子どもに向けるようなあたたかさを、自分の身体に向けながら続けましょう。たとえば、いつでもこんなメッセージをあなたに向けることもできるでしょう。

「私の身体が、いつも私の愛を感じていますように」

「愛されていると、身体で感じられますように」

▼ボディスキャンの最後に、身体丸ごとに、親切で思いやりのこもった注意を広げます。頭のてっぺんから愛や思いやり、知恵、感謝、尊重のシャワーを浴びて、エネルギー、喜びを存分に受け取りましょう。この思いやりのボディスキャンをする時間を持った自分の努力に、感謝を伝えます。自分の内面にすでにある知恵や思いやり、癒す力。いつでもそれを思い出してまたつながることができます。

私自身が思いやりのボディスキャンをはじめてしたとき、状態の良くない身体を引き受けている自分自身にも身体を思いやることをしていいよ、と招待するような感じで、思いやりをもって対応していくことで生まれる力をすごく感じました。同時に、普段気づいていないけれども、じつは凄まじい機能を果たしてくれている身体のいろいろな力を再認識し、病気を抱える自分は自分の大事な一部ではあるけれど、病気のみに自分のアイデンティティを限定しなくてもいい、自分という存在の大きさを再発見しました。ちょっとしたスージング・タッチと合わせて、この思いやりのボディスキャンのエッセンスを応用することで、身体の感覚や、身体との付き合い方が、強さをもった思いやりに満ちたものになっています。

腰に痛みを抱えている人は、こんな話をしてくれました。

最初、無理をしながらあおむけになっていたらだんだん痛みに耐えられなくなって、違う姿勢を選んだとき、今まで私は身体に対して無理をかけ続けていた、と気づいた。今まで、身体に思いやりを向けるどころか、「ちゃんとこれができるようにならないと」と。普段、自分が何気なくかけていた言葉をききながら、自分へのラビング・カインドネスの意図を向けてみると、心と切り離された身体に対して、愛おしい気持ちが湧いてきて、「私のために、こんなに無理をして……」と気づいて、本当に愛おしく愛おしく思ったんです。ラビング・カインドネスは、セッションで習ったときは心にただ語りかけるものだと思っていたけれど、そうではなくて、**心にも身体にも働きかけることで本当に自分にやさしくできるのだとわかりました。**自分が感じている痛みにも、**「共通の人間らしさ」の感覚**が出てくると、**自分の痛みと闘うというより、大きな世の中の一部として**声をかけ、受け容れられるような感覚がありました。

セッション6

「恥」を解毒するコンパッションの力

「困難な感情」と出会う

いよいよ佳境を迎えます。ここまで体験を重ねてきたマインドフルネスやセルフ・コンパッションを、つらい感情、そして「恥」の感情と付き合うスキルへと応用しましょう。いきなり立ち向かうと、よくわからなかったり、心への重荷が大きいです。セッション1からの準備を経てこそ、ただ「ともにある」ことの威力を冒険します。

Meeting Difficult Emotion

怒り・恐れ・喪失感と、「新しい関係」を結ぶ

ここからは、いよいよ本書の山場です。セッション1やセッション2では、概念の説明と準備体操をして、セッション3やセッション4ではラビング・カインドネスやコンパッションの声を聴きながら自分の内側を耕す練習を重ねました。セッション5で少し休憩しながら、自分の人生のコア・バリューを振り返り、感情の面で深くつながりあうことを思い出したあと、思いやりのボディスキャン瞑想浴でひと休みし、燃料を入れるとともに、体感を深めました。いよいよこのセッション6で、苦しみやつらさも抱き留め、包容できるように自分の内側を耕していきます。

このセッションで紹介するエクササイズを通じて、つらい感情を包容し、ときにはつらい感情が変容していくことを体験してみましょう。**つらい感情を持ってはいけないのでは**

ありません。意味のあるものに、おのずと変容していくのを見守っていくのです。

さらに、このセッションの後半では、**「恥」をテーマとします。**自分が抱えている恥を、好奇心とともに探索し、恥が自分にもたらすインパクトを理解していきます。

つらい感情を受容していく段階について、ガーマー博士が説明した5つの段階と、マインドフル・セルフ・コンパッション講師ブレーラー博士によって『ゲストハウス』という詩になぞらえて説明されたものを紹介します。

第1段階　抵抗する

玄関先に、ゲスト（苦手な感情・不快感）がやってきて、あなたは悪戦苦闘していきます。家の中に隠れて居留守をしたり、扉を閉めたり、ゲストに「あっちへ行け！」と追いやったりしています。

第2段階　探検する

ゲストに対して、好奇心を持って向かっていきます。「誰が来ているのかな、どんな人だろう?」とドア越しに見ています。

第3段階　安全な状態で耐える

ドアは開けていて、家の中に招いているものの、まだ玄関でゲストを待たせています。

第4段階　許可する

ゲストがやってきたり、出て行ったりするままにさせていて、安全だなと感じられたら、ゲストが家の中を自由に動き回っているのをそのままにさせています。

第5段階　友人になる

すべての経験に対して、その中にある「価値」を理解しています。ゲストが話すことを、一緒にじっくり聴くことができます。

抵抗を徐々に解き放っていくと、この段階をたどりうると言われています。ただし、困難な感情は、多くの人が日常ではふたをしている感情であり、自分たちに痛みや苦しみをもたらすものです。

この後、紹介するエクササイズは、困難な感情を受容するスキルを高める練習ですが、

つらい感情と向き合ってみると、痛みは一時的に増すことがあります。

自分に思いやりを向けながら感情的な痛みに触れてもいいと思えるときだけでいいので、無理をせずに実践してください。チャレンジングと言える程度で練習するようにして、圧倒されるほどの困難な感情が出てくるようでしたら、それはやり過ぎ。「今はやめておこう〜」でOKです。心が安全を感じられる範囲に戻ることを、いつでも選択できます。徐々に試す量を増やしていくことが大切です。それも「自分への思いやり」です。

マインドフル・セルフ・コンパッションでは、苦しみや困難な感情を包容するスキルを育みますが、いつも感情的なストレスに向き合い、気づいていないといけないわけではありません。本書でも登場しているティク・ナット・ハン師は、

「Not much！実践の中でそんなにストレスや苦しみをいつも抱えなくてもいい」

と伝えています。つらい感情とのヘルシーなかかわり方を体感しておくと、もし大きな困難がやってきたときにも、自分の中にスキルが育っているので対応しやすくなります。そのための、練習です。不快な感情を体験するのは、セルフ・コンパッションが立ちのぼってくるために必要な過程ですが、そのような感情的な痛みには、ただ触れるだけでもいいのです。

「つらい感情」と向き合うための3つの方法

日常生活の中で困難な感情と向き合うときに役立つ3つの方法があります。

1つ目が、感情にラベルを貼る
2つ目が、身体で感情に気づく
3つ目がやわらげ、なだめ、許す（soften・soothe・allow）

自分の中に湧き上がってくる困難な感情を、直接変えたり、減らしたりしようと働きかけているものではありません。**困難な感情に居場所を与えて、いたわる**だけです。そうすることで、結果的に、困難な感情との新しい関係を構築することができるのです。

1つ目の方法――感情にラベルを貼る

困難な感情にラベルを貼ることで、無自覚なまま得体の知れない感情に支配されている状態から、がんじがらめになっているその感情をほどいていく助けになります。

たとえば、自分が怒っているときに、「これは怒りだな」「恐れが出てきているな」と、その感情に気づいてラベル付けします。ラベル付けできている状態であれば、つらい感情のまわりにスペースを持つことができ、感情と少し余裕を持った対話ができると言えるでしょう。ある研究では、私たちがつらい感情にラベル付けをすることで、危険を記銘する脳の部分である扁桃体《へんとうたい》が、活性化されにくくなり、ストレス反応のトリガー（引き金）になりにくいと報告されています。

どのように感情にラベルを貼るかも大切です。

「また自分は怒ってしまっている！」と責めるようにラベル付けするのではなく、自分にとって大切な人に接するように、「怒るのも、わかるよ」**「そっか今、怒ってるんだね」**と、理解のあるトーンで、認めてあげながらラベル付けしましょう。

英語ではその言葉のリズムのよさもあって、「Name it and you tame it.（名付けてみよう。そうすれば飼い慣らせる）」と言ったりします。

2つ目の方法——身体で感情に気づく

マインドフルネスでは、自分が強い感情を持っているときには、じつは身体のどこかが反応していると考えられています。感情にはメンタルの面だけでなくフィジカルの面があり、感情が生まれると、身体にもリアクションが出るのです。1つ目のラベル付けよりも先に、身体で感情の表現を感じることができる人もいるでしょう。1つ目のラベル付けを先にしなくてはいけないわけではありません。

たとえば怒りを感じているときは、自分の立場を正当化するために「これを言ってやろう」という言葉や思考があふれ、身体も争いに備えるために、筋肉がこわばったり、鼓動が速まったり、かっと熱くなってきたり、ストレスと関係するホルモンが活性化したりしてきます。

この身体感覚の変化に気づくことは、感情を制御するうえで、とても重要なことです。

身体感覚はすばやく動きまわる思考に比べて、ゆっくり動きます。

怒っていると気づくとき、身体のどこがどんなふうに強く反応しているだろうと探検し、その感覚に注意してみてください。

怒っているときに、鼓動が速くなっているなど、身体に表れる感覚に気づき、ゆったり呼吸をするといったアクションがとれれば、感情と身体の関係が変わり、感情そのものも変わり始めることがあります。マインドフル・セルフ・コンパッションは身体で実体験するもの。「Feel it and you heal it.（感じてみよう。そうすれば癒すことができる）」という表現もあります。

3つ目の方法――やわらげ、なだめ、許す

つらい感情によって生まれた身体の感覚に、3つの思いやりのこもった方法で対応をし、困難な経験をしている自分を包容します。

・やわらげていく……身体的にも思いやる
・なだめていく………感情的にも思いやる
・許していく…………不快感が今そこにあることを認知的にも思いやる

身体をやわらげたり、自分自身の感情をなだめる感覚を持つことで、感情の持ち方に変化が生まれます。怒りや悲しみがあっても、理解のあるかかわり方をするだけで、ストレスがやわらぎ、感情自体が変容することもあるかもしれません。解放され、楽になるという感覚を体験する方もいるでしょう。

恐れが、自分を振りまわすほどの強い支配力をふりかざすことが減って、普段なら感情にまかせて何か言ってしまう場面でも、意図して言わないという行動を選択するときもあるかもしれませんね。

マインドフルネスやコンパッションでは、「allow」、つまり、このままにさせておく、許可する、受け容れる、そんなニュアンスを持つこの言葉のアートを感じる場面が多くあります。「allow」によって、新しい可能性が生まれます。身体面・感情的な面だけでなく、認知的な面でも今起きていることを「今そこにあるなら、そのままあってもいいよ」と許容することで、そこに新しい可能性を与えるニュアンスがあります。

ここまで紹介した3つの方法は、自分がやりやすいように選ぶことができます。1つでも、3つすべてを実践してもかまいません。順番も、どれから行ってもかまいません。

エクササイズ　「つらい感情」とともにいる

このエクササイズでは、ストレスを感じるときに、身体の感覚を探検して、不快な感覚や反応があるところをいたわり、そこがやわらいでいく。そんな実験をしてみましょう。

普段の生活の中で、苦手な感情や不快感を持ったときに実践できるエクササイズです。

慣れてくると、ちょっとした場面でもできるようになりますが、まずはゆっくりと時間をとって、じっくりと練習してみてください。

■苦しかったときの状況を思い出す

心地のいい楽な姿勢をとります、
まぶたを閉じて、ゆったりとした呼吸を数回します。

手を、胸元や、ホッと落ち着く場所にしばらく置きます。手から伝わる感触をじっくり感じながら、

「私も思いやりを受け取るに値する存在だ」

ということを思い出します。手はそのままでもいいですし、楽な位置にほどいてもいいです。途中で自由に動かせます。

ここであえて練習のために、普段の生活の中で、つらい状況を思い出します。職場での悩みでもいいですし、人間関係や健康にまつわることでもかまいません。
このときに感じる苦しさの度合いを、0から10で表すならば、3程度のものを選びま

しょう。ただし、思い出すことで、身体に反応が表れるような、ある程度インパクトのある状況を思い浮かべてください。

はっきりとイメージします。誰がいて、どんな言葉が交わされているでしょうか。何が起きているでしょうか。

■湧き上がってきた感情にラベルを貼る

その状況を思い出して、ふたたび体験しながら、湧き上がってくる感情があれば、その感情にラベルを貼ってみます。怒りや悲しみ、絶望感、喪失感、恐れ、後悔、混乱、焦り、心配など。いろいろな感情が同時に表れていたら、一番強く感じられる感情に名前をつけます。

そして大事にしている友人に接するように「それは深い悲しみだね」「ああ、喪失感だね」とやさしく理解のある声でゆっくりと繰り返します。

■身体の中にある感情へのマインドフルネス

困難な状況を思い浮かべたときに、身体のどこにもっとも強く感情が表れているでしょうか。頭のてっぺんからつま先まで、身体の隅々まで意識を向けてください。身体に表れる反応は、緊張や痛みなど、何でもかまいません。急ぐ必要も、無理に探す必要もありません。

心の目で全身を探検して、今この瞬間、ちょっとした緊張や不快な感覚があったら、そこで一旦、とめてみましょう。その身体感覚の因果関係を探る必要はありません。

■やわらげる

そこに、ゆっくりと近づいていきます。

温かいお湯に浸かっているかのように、そのまま呼吸とともに緊張をほどいてほぉ～と身体に思いやりを与えてあげてやわらかくしていきます。身体を思いやって、やわらいで、やわらいで、やわらいで……。

感情を変えようとするのではなく、ただやさしく抱えてあげるだけ、です。感情が表れている身体の部分すべてがやわらがなくても、少しだけ、一部だけがやわらかくなっていく、溶けていくような感覚でも十分です。

■なだめる

困難な状況にある自分自身の心をなだめ、いたわります。身体で感じている心地よくない場所に、手を置きます。手のぬくもりやさしい感触に気づき、あたたかさが手を通して流れていくのをイメージしてもいいでしょう。ほっと解放されるような感覚や落ち着く感覚、心が安堵感で満ちていく感覚が出てくるかもしれません。まるで愛おしい子どもの身体であるかのように、自分の身体を思ってみることもできます。

今自分が聞きたい、癒される言葉を思い起こし、自分に伝えます。もし出てこない場合は、同じようなことで困っている友人をイメージし、その友人にだったら、どんな言葉をかけるかを想像します。たとえば、「そんなふうに感じているなんてつらいね」「あなたのこと大切に気にかけているよ」「私が自分にやさしくありますように」などです。

■許す

気持ちが圧倒されすぎて、「しんどいな」と感じる人は、いつでもこのエクササイズの途中で休むことができます。

「続けてもいいな」と感じる人は、心地のよくない感覚が身体にあることを許し、その感覚に居場所を与えます。今だけでもただそこにいさせてあげています。「(つらい感情による不快感を)無理に取り除かなきゃ」という考えを手放します。このままの自分でいることを許します。

この身体に思いやりをあげてやわらいで……心にも思いやりを。なだめて、いたわって……心地のよくない感覚や感情が身体や心に今あるならあってもいいよ、と許して、あるままに、出ていくままに……

やわらいでいって、なだめられて、許していく、受容されていく——

ある程度の時間が経ったら、この練習から解き放たれて、丸ごとの意識を身体全体、心全体に広げて、この瞬間、そのままの自分を味わって休憩します。

つらい気持ちに一旦立ち止まり、じっくりと、本当にじっくりと感じてともにいるのは、勇気のいることです。感情をじっくり感じることには、威力があります。

心理療法でもそうですが、問題を見つけてそれに取り組んで変えようとして聴いたり話すより、あなたであるということがどんな感じかを、ただしっかり感じてあげるというのは凄まじいパワーがあります。

自分の心の習慣を自覚していることや、自分のもろさをオープンに感じるのは勇気のいることで、それを助けてくれるのが自分への思いやりなのです。

ゆったりと時間をとって、自分を見つめ、寄り添う時間をとってみませんか。

これまでの参加者から、このエクササイズを通して、こんな感想を聞きました。

「心のスペースを持つ大切さに気づくことができた。苦しみを取り除こうと抗《あらが》うのではなく、苦しみを置いてあげるスペースを用意しておくことが肝だと感じた」

「誰もが怒り、不安、恐れを覚える経験はするので、その感情はあたりまえのものだと理解できた。それだけで心の中が落ち着く感覚がある。苦しみに気づいて、ここにいてもいいんだよ、と受け止め、許せるようになったのが私の中で大きな変化だった」

「自分は完璧ではない、完璧な自分になってこそが自分、というのがなくなって、生きるのが楽になった」

「自分へのやさしさの言葉として『ありのままでいいよ』と声をかけていたけれど、じつは意味がわかっていなかった。私は大丈夫、と必死に自分を守ろうとしていた。つらいっていうことを自分に対してさらけ出していいんだと思えた」

「わからない」ままでいい

私は、瞑想を習っていたときから、他の人があれこれ豊富な身体感覚への気づきをシェアする中で、自分はそこまで発見できないなあ、と感じていました。

エクササイズを通じて、つらい感情が身体のどこに表れてくるかを探検する際に、「あなたに問題があるから、アトピーが出ている」とかつて言われた言葉が思い出されることがありました。

そうすると、身体に表れる感覚が、私の問題と言われているような気がして、そのままの感覚をオープンに感じることができなかったり、何も感覚が出てこないことすらありました。身体感覚に気づいたり認めること自体、これまで批判・評価されてきたことへの悲しさや抵抗のほうがまさってきて、私を責めないでほしい、という気持ちが出てきました。そうすると、自由に身体感覚が立ちのぼってくるのも、自由にただ気づく、というのもできていないようでした。

しかし、マインドフル・セルフ・コンパッションで自分へ思いやりを向けていくと、オープンに感じやすくなりました。

決めつけない好奇心や、ジャッジしない思いやり、自由でオープンに探検することを体感できた瞬間でした。マインドフルネスとコンパッションの両翼の威力を体感しました。心を少し開いてやわらかくしたときに自然にあふれてくるあたたかさがありました。

身体への気づきを、それほど感じられない人もきっといるでしょう。身体より頭で考えることが得意だったり、身体や感情にトラウマを抱えていたり、恥のような感情を強く抱えていたり、自分の身体が好きではないという理由で身体の感覚を感じにくかったりすることもあるでしょう。身体の感覚も感情の探検も、自分を追い込んで無理にする必要はありません。どうか自分を責めたりせず、エクササイズの中でも自分にとってしやすいものを一部だけ試したり、自分のペースで十分だと知っていてください。

このプラクティスは、つらい感情の因果関係を明確にしようという試みではありません。むしろ、「わからない」ということを大事にしています。「なぜ?」と掘り下げるよりも、今立ち現れているものに対して、「なんだろう?」と興味をもって近づき、観察してください。そして、そのままを見守っていたわり、受容するときに訪れる変容があったら、あなたのその体験を大切にしていてください。

#「恥」の感情はどこからやってくるのか？

数ある困難な感情の中でも、特に扱うことが難しい感情が、「恥」です。

恥によって、「自分は受け容れられないんじゃないか」「自分は価値がない人間なんじゃないか」「こんな自分を知られたら、自分のことを小さく見られてしまうのではないか」という対人関係の不安が生まれ、人とつながれなくなってしまうこともあります。

それでも、自分を思いやるレッスンをすることで、恥の感情に振りまわされることが少なくなっていきます。思いやりを土台にした心理療法、コンパッション・フォーカスト・セラピーの創始者である心理学者のポール・ギルバード博士は、恥などについて「私たちのせいではなくて、私たちの責任だ」と述べています。恥の感情は、じつにさまざまな要因がからんで出てきます。たとえば、人間の脳の機能として備わっていたり、生まれ育った文化や環境の中で、自分の価値を不当に低く見られてきた人は、恥の感情をより感じざるをえなかったかもしれません。ですから、あなたのせいだと自分を追い詰めなくていいと知っていてください。**恥とは、誰かから強いられ、自分が一切コントロールできない感情ではなく、感じ方や向き合い方を今、自分自身で選択してもいい**ものだということです。

恥にある3つのパラドックス

コンパッション（思いやり）のまなざしを通して見ると、恥には3つのパラドックス（矛盾）があります。

まず1つ目は、恥という感情はあたかも非難に値するものだと感じられますが、じつは純粋で無垢な感情です。なぜなら恥は、「愛されたい」という純粋な願望から生まれるからです。これは前述のセルフ・コンパッションの3つの要素（P63）のうち、「自分へのやさしさ」に対応する洞察です。

そして2つ目に、恥にはひとりぼっちで孤立した印象を覚えるかもしれませんが、じつはどの人にも共通した感情です。「愛されたい」という無垢で純粋な願望は誰もが持っているものです。この「共通の人間らしさ」の感覚を忘れずにいられたら、恥があなたにまとわりついてあなたを苦しめることは少なくなるでしょう。「じつは、私は愛されたいだけなんだ」「他の人も、私と同じように愛されたいと願っているんだ」「私も、どの人も、恥を抱えて生きているんだ」と理解できたときに、恥の感情とともにいやすくなるでしょう。このパラドックスはセルフ・コンパッションの3要素のうち「共通の人間らしさ」に対応する洞察です。

3つ目は、恥はまるで永遠に続く感情のように感じられるかもしれませんが、自分という人間の特徴を限定してしまうものではなく、自分のごく一部の側面にすぎません。そして、他の感情と同様に一時的な感情です。このパラドックスは、前述のセルフ・コンパッションの3つの要素のうち、マインドフルネスに対応する洞察です。

恥と、その他の「つらい感情」

恥は他のつらい感情——怒り、恐れ、不安、トラウマ、自信のなさなど——を強調することがあります。不安や抑うつ感、依存症、人間関係のもつれの根っこに、恥という感情があるケースが多いのです。

そして、こういった恥が関連した感情を持って行動をとっているときには、根っこにあるその恥を理解するまで、自分の感情をコントロールすることが難しいものです。

たとえば、恥の研究者であるヒューストン大学のブレネー・ブラウン博士は、「罪悪感」と「恥」の違いを、次のように説明しています。

罪悪感とは「私は、間違えた」という感覚で、恥は「私は、間違いだ」という感覚だ。

つまり、「私＝間違い」になってしまう。

罪悪感は、自分の行動に対する後悔の念ですが、恥は自分自身について悪く感じられるものです。健康的な心の状態であれば、「私は失敗をした。それはよくなかった。でもそれを改善していこう」と思えるはずが、恥を抱えていることで、ただ「私は失敗をした」という自分がある状況で起こした行為が間違いだったというだけのことが、「私そのものが悪である」となってしまうのです。

また、些細なものだったはずのネガティブな感情が、恥に変化する例もあります。

何か物事がうまくいっていないときに「この感じは好きじゃないな」といった気持ちを

持ちます。そしてこの感覚がしばらく自分の中に留まると、「この気持ちを抱きたくない」「この感情を持っているべきでない」という恥の気持ちに変化していきます。

これがさらに進んでいくと「こんなふうに感じてしまう（持つべきでないこの感情をまだ持っている）なんて私はおかしいんじゃないか」「私はダメダメだ」となります。「よくない感情を持っている（I feel bad.）」だけだったのに、いつの間にか「自分＝ダメ（I am bad.）」になってしまうことがあるのです。

無意識のうちに繰り返されている「自分を否定する思い込み」

心理学では「自分を否定する思い込み（ネガティブなコア・ビリーフ）」が、人の考え方や行動に大きな影響を及ぼしていると考えられています。物事がうまくいっていないときや、つらい状況にあるときに、自分の中で繰り返されるネガティブな思考のパターンです。

自分が傷ついて弱くなっているときに、自己否定的な思い込みが、あたかも真実であるかのように出てきてしまいます。自分への疑いが消えなくなってしまいます。

たとえば「私は欠陥品だ」「私は愛されない」「私は無力だな」「私はふさわしくない」

「私は失敗作だ」などがネガティブなコア・ビリーフです。

このような思い込みは人類共通のもので、10個から15個ぐらいに限定されるそうです。つまり、ほとんどの場合、他の誰かも共通して持っている思い込みなのです。地球上に70億人いるとしたら、数億人くらいの人と、同じネガティブなコア・ビリーフをシェアしている可能性があります。このように伝えると、参加者から、「『自分ひとりがおかしいのでは』と抱え過ぎることなく生きられます」「〇億人と共通かあ。気が楽になる〜」という感想を聞くことがあります。

セルフ・コンパッションが「恥の解毒剤」になる

沈黙をすることで、恥は維持されると言われています。人に知られたら、拒絶されるのではないかと恐れ、誰にも言えずにいるからこそ、恥が恥であり続け、自分を苦しめるものになってしまうのです。

過去に、友達やパートナーにどうしても打ち明けられずにいた秘密を抱えたことはありませんか。そして、あなたを愛してくれなくなるような気がして抱えてきた秘密だったのに、打ち明けてみたら案外大丈夫だった、という経験をした人はいるのではないでしょうか。

セルフ・コンパッションは、恥を口にする勇気を与えてくれます。

自分が抱える恥の存在に気づけたり、誰かに、せめて自分自身に打ち明けて話せるようになって初めて（案外、自分で気づいていなかったりするのです）、恥から解放されます。

そして、その勇気を持つためには、コンパッションが大事な役割を果たします。

自分が持っている自己否定的な思い込みを自分自身に打ち明けてみることができると、その影響を受けにくくなります。恥に対してヘルシーな対応ができるようになるのです。

私は頭部に外傷を負った後、マインドフルネスを心理療法に取り入れている臨床心理学者のサイコセラピーを受けました。

マインドフルネスやコンパッションのアプローチを取り入れたセッションを重ねられたおかげで、受傷にともなう苦しみの他にも、自分が長年こっそり隠し持っていた自己否定的な思い込みの発見を手助けしてもらい、恥を解毒するうえでの大きな力となりました。

本書に記した通り、私には長年アトピー性皮膚炎に苦しんだ経験があります。そのことで、**「自分は女性として魅力が不十分だから、他のことで補ってトータルでトントンにしないといけない」**とどこかで思い続けていることには、気づいていて、自分の行動に影響が出ていることもわかっていました。しかし、これがパートナーとなる人との関係に、どこまで影響があるかを十分には意識できていませんでした。

自分の中にある一部の自信のない面が、あたかも自分という人間のほとんどかのようなゆがんだ見方をしてしまう。そして、私が「愛されるのに十分値しない」という強力なネガティブなコア・ビリーフを持ってしまっていたので、パートナーに対して、「私を大切にしようとしているこの人はおかしいんじゃないか」と自分で意識せず、疑ってしまっていたのです。さらに、「いつか自分を十分には愛してくれなくなるのでは」という恐れもあり、関係を大事にするための行動をとれませんでした。特に、相手が自分を愛してくれていると、混乱しました。

カウンセリングを受けている中で、自己否定的な思い込みが明らかになっていったとき、それが完全には消えないとしても、「そういった思い込みが自分にはある」とはっきりと気づくことができました。すると、ネガティブなコア・ビリーフに支配されることが少なくなりました。自分にも打ち明けていないネガティブなコア・ビリーフが横たわっているとき、自分の中に湧き出てくる感情の正体が理解できずに行動をとっていました。でも、ひとたび「ネガティブなコア・ビリーフの姿を理解できると、自分が自分自身にとる行動や、自分がかかわる大事な人への見方や行動が少しずつ変わってきます。まとっている心の鎧《よろい》にやさしく気づくことができたら……。

多くの人は、何かしらのネガティブなコア・ビリーフを持っています。コア・ビリーフに気づいていない場合と、気づいて理解している場合では、恥とのかかわり方が変わってくるのです。

エクササイズ

恥とともにある――新たな関係を築く

それでは、コンパッション（思いやり）のまなざしで、恥を見つめるひとときを持ちましょう。

■「恥ずかしい状況」を思い出す

先ほどのエクササイズ「やわらげ、なだめ、許す」（p228）では、冒頭でつらい状況を思い出しましたが、ここでは、恥ずかしい思いをした経験を思い浮かべてエクササイズを実践します。

ただし、恥は2種類あることを知っておいてください。

1つ目は、誰からも悟られないようにひた隠しにしている恥（shame）です。「他人に知られたら、**小さく見られるんじゃないか、**愛されないんじゃないか」という感情です。

2つ目は、しくじったところを他人に見られて感じる恥ずかしさ（embarrassment）など、行動でわかるようなものです。たとえば、「**会議室に遅れて入って、他人の視線を感じた**」といった状況で抱く感情です。

1つ目のほうで練習してみようという人は、自分の心がオープンで安全な状態かを確認しながら試してみましょう。心の安全を考慮して、初めてこのエクササイズを練習する人は、まずは2つ目の恥のほうからエクササイズを試してみます。

このエクササイズは、1時間程度の時間がゆっくりとれるとき、そしてエクササイズの後に少し休憩できるときにしてみるといいでしょう。

楽な姿勢で座ったり、寝転がって、まぶたを完全に、または少し落として、リラックスを感じられる呼吸を取りましょう。胸元や身体のどこかに手を置いて、手から親切さが身体へと流れ出ていくような感じを味わいま

す。

このエクササイズの途中でいつ休憩してもかまいませんし、負担を感じたらそこは飛ばして、自分をいたわりながら試しましょう。目を閉じてゆっくりとこのエクササイズをしますが、いつでも落ち着かないときは目を開けたり、気をそらすことができます。

恥の感情とともにいるとき、バックドラフト（p89）が現れるかもしれません。もしバックドラフトに気づいたら、必要な対応を自分にしてあげましょう。

それでは、恥ずかしい思いをした出来事を思い浮かべてください。最初にするエクササイズなので、すでに過去の出来事や、ほどほどに恥ずかしさを感じた出来事を選びます。たとえば、誰かと話していたときに感情的に言ってしまったこと。他の人には聞かれたくないようなことです。後悔したり、「自分ってダメだなあ」と感じることを選びます。

そして、その恥ずかしさを感じた出来事を詳しく思い出して、自分の感覚を使って、どんなふうにその恥を、恥ずかしさを自分の身体の中で感じているか、勇気を持って探検しましょう。

■ネガティブなコア・ビリーフ（自分を否定する思い込み）にラベルを貼る

その出来事について、他の人がもしそのことを知ったときに、自分について何を発見されるのを、あなたは恐れているのでしょうか。ネガティブなコア・ビリーフの例として、「私は欠陥品だ」「私はやさしくない」「私はニセモノだ」などがあるでしょう（p241）。複数のネガティブなコア・ビリーフが思い浮かんだら、一番重みを感じるものをひとつ選びましょう。

もし「ひとりぼっちだなあ」と感じていたら、私たちは「みんな一緒にひとりぼっち」だと知っていてください。この本を読んでいる誰もが、自分と似たような感情を抱いているのです。恥は、誰もが抱く感情です。

コア・ビリーフを、親しい友人に話しかけるような思いやりのこもった声でラベルを貼ります。「ああ、そっか、自分は愛されないっていうふうに、ずっと思ってきたんだね。それはつらかったね」とか、あたたかく思いやりにあふれた声のトーンで、「**愛されない……**。**私は愛されないって思ってるんだな**」

自分が恥ずかしさを感じているとき、そんなふうに感じているのは自分の全部ではなく一部だと知っていてください。そして、そのような感情がずっと古くからあるように感じるかもしれませんが、いつもこんなふうに感じているわけではありません。

そのような思い込みは、愛されたいという願いから生まれています。私たちはみんな、愛されたいと願っている無垢で純真な生き物です。こんなふうに感じるのは、愛されたいと願っているからなんだなあ、とよかったら自分を抱きかかえてください。

■恥の感情に身体で気づく

身体まるごとに意識を広げて、先ほど思い浮かべた、つらい状況をまた思い出し、一番簡単に恥を感じられる身体の部位をスキャンします。心の目で、頭のてっぺんから足先までをたどります。

身体の中で、もっとも強く恥を表現しているかもしれないひとつの部位を選びます。ちょっとした緊張や不快感でもいいです。筋肉のこわばりや、ぽっかり穴が空いた感じ、心の痛みなど。すごく厳密に特定しなきゃということはありません。

■やわらげ、なだめ、許す

恥ずかしい経験を思い浮かべたら、先ほどのエクササイズと同様に、「やわらげ、なだめ、許す」を実践してください。

心の中で、その身体のあたりに近づいていって、その身体の部位の中がゆるみ、やわらいでいくイメージをします。筋肉がやわらぐままに、まるであたたかいお湯の中に入っているかのようにリラックスしていくままに……。

今抱えている感情を変えようとしているのではなく、そっとその感情を抱き留めているだけです。その身体の一部分だけとか、隅っこだけがじんわりとほぐれているような感覚でも十分。やわらいでいく……。

困難な状況に自分がいるから、だから、ただ自分をなだめていたわる。よかったら、恥を感じているときに感覚が表れた身体の部分に手をそっと置いて、自分の手から伝わるあたたかさや、落ち着くタッチを感じます。**この恥、恥ずかしいなという感情を抱えて、自分の身体がどれほどがんばっているかを認めながら。**まるで自分の身体の中に今もいる愛する子どもの身体のように自分の身体を大切に思いながら、手を通して体にあたたかさや親切さが流れ出ていくのをイメージします。心をなだめて、いたわって……。心がなだめられていく……。

今自分が聴く必要のある、気持ちがやすらぐ言葉が何かありますか？

同じようなことでもがいている友人がいると想像して、その友人にハートからハートで伝えてあげたい言葉を想像しましょう。たとえば、「そんなふうに感じているなんてつらいね」「あなたのこと深く心にかけているよ。大切に思っているよ」と。

今自分は、友人にどんなことを知っておいてほしい、覚えていてほしいでしょうか？

そして、それと同じメッセージを、苦しんでいる自分にも伝えましょう。

「ああ、そんなふうに感じるなんてすごくつらいね」

「私にやさしくありますように」

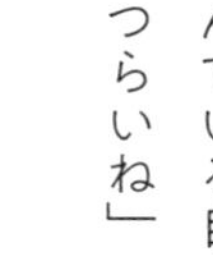

湧き上がってくる言葉を自分に伝えて、そのメッセージを自分に染み込ませましょう。

恥ずかしさや恥を感じているとき、「**こういうふうに感じているのは自分の、ごく一部分にすぎない**」ということを覚えていてください。**いつもこんなふうに感じているわけでもありません。**

最後に、今感じている不快な感じがあるのを許して、どんな感覚でも身体にある感覚があるままに、ハートが感じているままに、「今あってもいい」と許可します。すべてに居場所を作って、どこかに追い払わなきゃ、という思いをそっと手放します。

そのままの自分でいることを、今この瞬間だけでも許し、受け容れます。

身体をやわらげて……心をなだめて……そのままあるのを許して……

身体がやわらいでいって……

心がいたわられて……

今こういうものがあってもいいと許され受け容れられていく……

■共通の人間らしさの感覚

今この本を読んでいる多くの人が、何かしらの恥を感じたことがあるでしょう。

私たちはみんな、強さや弱さを持った人間です。今、私たちは、恥ずかしさや恥といった共通の感情や、愛されたいという願いでつながっています。

最後に、このエクササイズから自由になって、全身に意識を広げて、今この瞬間、自分が何でも感じているままを感じることを許可します。

余韻を味わい、そして身体や心をいたわり、思いやるひとときを持ってください。

このセッションを読んでいて恥の気持ちが出ている人もいるかもしれません。ネガティブなコア・ビリーフを感じたり、涙が出てくることもあるかもしれません。それは弱さではなく、むしろ「勇気」です。あなたのその、もろく弱くなれる力、その勇気や真摯さ、この本への信頼に感謝しています。

実際のセッションでこのエクササイズをすると、長年自分の中で思い込んで悩んでいたことが、「ああ……こんなことで……」と自分の思い込みに気づき、心の足かせから解放される発見とともに、「ああ、もっと早くに自分で知ってあげられていたら」という発見をする方もいます。

このエクササイズを通して、よくわからなかった、恥を感じること自体を思いつかなかった、という人もいます。普段はフタをしている感情のため、オープンに感じにくい人もいます。それでも、恥や困難な感情に悩みもがいている他の参加者が、自分の探検の様子を聞かせてくれるうちに理解が深まることがあります。

ちょっとしたものから試してみるといいかもしれません。

幼少期に批判を受けずに寛容に育てられた人には、あまり恥の感情を感じない人もいるでしょう。
一方で、このエクササイズの後、ずどーんと身体も重くなって動けず、心のエクササイズ後のシェアのひとときは休憩していた人もいます。また、エクササイズ直後は、すっきりした、と感じた人が翌日強い疲労や落ち込みが出てきたという人もいます。
セッション6を読み進める間は、特に、自分の心身をいたわって過ごしてください。

恥を通じて「共通の人間らしさ」の感覚も芽生えていくため、誰かを攻撃したい気持ちのあった参加者が、「みんながひとつ、つながっているのなら、その相手を攻撃することは意味がない。相手を攻撃することは自分を攻撃することにもなる」という洞察があった人もいます。みんな愛されたいと願っている、恥を感じている、と知ることで、他の人とつながり、許し、自分もまた完璧でなくていられると体感した人もいます。他の参加者が共通した思いを抱えているのを聞いて、「あぁ、いいんだこれで。受けとめていいんだ」「生きるってそういうことでいいんだ」と考えが変わった人もいます。

母親との体験をシェアしてくれたある人は（P166）「みんながひとつなら、何かをしなければ、誰かとつながり続けられないわけではない。自分を罰することで大好きな亡くなった母とつながれると思っていたけれど、その必要はない。大きな意味で、母も私も一緒なのだとしたら、ひとかたまりのもので愛されている」と気づきました。

セッション1からじっくりと内面の冒険を重ねてきたからこそ、このセッションは体感が深まり、発見があります。何かを得ようと答えを急ぐより、必要な洞察はおのずと訪れると信頼して、試してください。参加者がじわじわと変容していく様子に、冒険旅をお供する私も毎回心が動かされます。

「傷」が価値に変容していく

日本には、器が割れると、破損箇所を漆《うるし》で接着し、金で装飾して仕上げる修復技法があり、「金継《きんつ》ぎ」と呼ばれています。

ひびが入ったことで価値が下がるのではなくて、ひびを美しく活かし、輝かせるという捉え方に変えることで価値が高まるのです。

私たちが過去に受けた傷にも、同じことが言えるのではないでしょうか。私がマサチューセッツ州でマインドフル・セルフ・コンパッションを受けていたとき、手術の傷を抱える参加者に対してよく紹介しているという歌を教えてもらいました。それは、まさに日本の金継ぎを表す歌でした。欧米でマインドフルネスを教える人たちがよく紹介しています。私は金継ぎから、心の傷でも身体の傷でも、完璧ではないことの美しさや、内から湧き上がる強さがあることを思い出します。

Japanese Bowl　日本茶碗　～金継ぎ～　ピーター・メイヤー（訳　岸本早苗）

私は昔作られていた日本茶碗のようなもの
いくつもの古いひび割れがあり
そのひびは金で埋められている
茶碗を修復するとき
ひび割れを隠さないで、かわりにそこを輝かせる

私には傷つくたびにできた古い傷跡があり
みんなの目には、もう以前の私ではないように見える
でも収集家の目には
そんなギザギザな線すべてが私をもっと美しくさせ
価値を高める

私はそんな日本茶碗のようなもの
私は古くにつくられて

あなたにも見えるひび割れがある
そのひびが金に輝くさまをみてみよう

日常生活での練習

・「つらい感情」とともにいる（228ページ）※すべてのステップでも一部でもOK
・恥とともにある――新たな関係を築く（245ページ）

どちらも、無理にする必要はありません。まずは、困難な感情に向き合うエクササイズを、できる範囲で試してみるので十分です。このセッション後は、教える私も思わず「ふう～」と休憩をとっています。

本セッションのあと、参加者はその晩に身体や心がそわそわしたり、ぐったりと疲労を感じる、ということがあります。そんなときはいつでも、自分をいたわったり、他のエクササイズで心地いいと感じられるものを試してみてください。そして、ささやかなことでも自分への思いやりの行動としてできるセルフケアをしましょう。

セッション7

人間関係の「痛み」を探検する

「満たされないニーズ」や「燃え尽き」から
身体と心を守る

マインドフルネスやセルフ・コンパッションを、むずかしい人間関係との付き合い方に応用します。セッション6と同様に、勇気のいる、感情的に大変なセッションです。セッション6を冒険したあとなら、あなたの心の準備ができているかもしれませんね。

Exploring Challenging Relationships

「難しい人間関係」の探検

このセッションのテーマは、「難しい人間関係」の探検です。「誰かとつながれていないから感じる痛み」と、「つながっているから感じる痛み」の両方を扱います。これまで培ってきたマインドフル・セルフ・コンパッションを人間関係に応用してみましょう。

セッション7は、マインドフル・セルフ・コンパッションを教える私自身、毎回「あ〜、ついにセッション7がやってきたか〜」と思わず深呼吸するセッションです。そして、セッション後はへとへと、くたくたになります。マインドフル・セルフ・コンパッションは、半年〜何年か空けて受講を複数回してくださる人が多くいます。そして、その人たちも「セッション7かあ〜」とともに身震いしながら、冒険しているようです。

「難しい人間関係」は、多くの人の痛みの源になっていることが多いため、このセッションに期待している受講者も多くいます。人間関係で悩みを持たないという人は、ほとんどいないでしょう。

ここまで読んでくれた人の中にも、「ようやく自分が抱えている大きな問題が解決できるかも！」と期待を抱いているかもしれません。**しかし、その期待は、今ここで捨ててください。ここは、何かを解決するための答えを教えるセッションではありません。**

ただし、だからといって、困難な人間関係をただ受け容れてくださいというわけではありません。

マインドフル・セルフ・コンパッションの参加者から受講後の感想を聞くとき、人間関係の話題が出ることが多くあります。その中には、マインドフル・セルフ・コンパッションを体験する前とした後の人間関係の変化を実感しているということも、よく聞かれます。

人間関係を変えるためには、まず自分自身が変わって、自分にコンパッションを届けていいと自分自身が知っている必要があります。

人間関係にまつわる痛みが――それがつながっていないから感じる痛みであっても、つながっているから感じる痛みであっても――マインドフルネスやセルフ・コンパッションを通じて、変容しうるのを実感できるでしょう。

エクササイズ

思いやりにあふれた友人

このエクササイズは、イギリスの臨床心理学者ポール・ギルバート博士が考案した「コンパッション・フォーカスト・セラピー」という心理療法を応用したものです。

この瞑想は、視覚できるイメージを描きながら実践していきます。イメージを描きづらい人は、そのビジュアルイメージが出たり消えたりしてもかまいません。ゆったりと呼吸をして、休憩しながら試してみましょう。

楽な姿勢をとります。寝そべっていても座っていても大丈夫ですし、少しストレッチをして身体をほぐしたい人は自由にほぐしてください。今とる姿勢も、自分への思いやり。自分で選択できます。

まぶたを閉じます。

自分の身体の中にくつろいでいくような、深めの呼吸を数回繰り返します。

胸元、またはしっくりと落ち着きを感じられる場所に、そっと手を置きます。撫でることもできます。手の感触を通じて、自分自身に親しみやいたわり、愛のこもった気づきを向けてください。

心の中に、安全で居心地のいい場所を思い浮かべます。たとえば、ぽかぽか陽気の中、そよ風が気持ちいいビーチ、暖炉のある部屋、木陰、やわらかな光が差し込む森の中、身体中がぬくもりで包まれるような温泉など。雲の上に寝そべっていたり、想像上の場所でもいいです。

のんびりと、くつろいでください。その場所にいる自分が、楽しむのを許可します。

■思いやりにあふれた友人をイメージする

ある人がやってきます。

それは、思いやりにあふれた友人です。知恵や強さ、無条件の愛を兼ね備えています。すでに亡くなった人かもしれません。その人は形を持っておらず、あたたかな光があるだけかもしれません。

思いやりにあふれた友人は、あなたのことをとても深く心にかけていて、あなたのことを幸せであってほしいと願っています。不要なもがきや苦しみから解き放たれて、自由であってほしいと心から思っています。

その友人を心に思い浮かぶままにし、その場所にいさせてあげてください。

そして、あなたが、その友人のほうへ向かっていってもいいですし、友人をあなたのほうへ招いてもいいです。思いやりのある友人に会ってみましょう。

思いやりのある友人と、どれくらい近くにいたいでしょうか。横にぴったりくっついていても、スペースをとっていても大丈夫です。自分がしっくりと感じられるように自分の身を置いてみます。

思いやりにあふれた友人を、詳しく思い描いてみます。その存在といるときに、自分がどのように感じているでしょうか。今感じているままに、感じていいと自分に許可をして、一緒に過ごしてください。それ以外、今、他にすることは何もありません。

■思いやりにあふれた友人の声に耳を傾ける

友人は、あなたに伝えたいことがあるようです。

友人は、賢明ですべてを知っています。あなたが人生の旅の中の、どの辺りにいるかを正確に知っています。

あなたに、ここで聞く必要のあることを伝えたいと思っているようです。

ゆっくりと時間をかけて、注意深く聴いてみます。

もし言葉が何も聞こえてこなくても、大丈夫です。その友人とともにいる体験を味わってください。それだけで十分に、祝福に満ちています。

あなたは友人に何かを伝えたいかもしれません。友人はあなたの話を深く聴いて、完全に理解してくれます。あなたのほうから、友人に伝えたいことがあるでしょうか？　それはどんなことでしょうか？

その友人が、贈り物を残していきたいようです。

あなたは、その贈り物を受け取ることができます。その贈り物はあなたの両手にふと現れるか、もしくはあなたが両手を伸ばして受け取ることもできます。

その贈り物は、あなたにとって特別な意味を持っています。それは何でしょうか？

少し時間をかけて、その友人と、ただそこにいます。

友人と一緒にいることを存分に楽しみながら、その友人がじつはあなた自身の一部だ、ということをしっかりと実感するのを、自分に許可します。

友人が立ち去っていく前に、友人が残していこうとしている贈り物や、友人と一緒にいることを存分に味わいます。

今あなたが体験した、あふれ出てきた思いやりの感情やイメージ、言葉。

すべて自分の内側に備わっている知恵や思いやりから流れ出てきています。

そしてまた、先ほどの安全な場所に戻ってきました。


あなたは、安全な場所にひとりでいます。受け取った言葉や贈り物を振り返りながら、じっくりと味わいます。

この瞑想を終える前に、**思いやりに満ちた友人は、自分自身の一部だ**ということを覚えておいてください。そう実感するのをできれば自分に許可してください。

思い描いた友人は、あなた自身の深い場所につねにいて、受け取った言葉は、あなた自身に備わっている知恵と思いやりから出てきています。その思いやりや知恵は、必要なときにいつでも、あなたの中にあります。

あなたが望めば、いつでも思いやりにあふれた友人を招き入れることができます。

徐々にこの瞑想から解き放たれて、身体丸ごとに意識をしっかりと向けていきます。この瞬間そのままの自分。今感じていること、余韻、今響いているもの、何であってもそのまま抱かれて、自分が感じていることを許して、休憩します。

あなたが必要なときにはいつでも、このようなあたたかくて思いやりに満ちた存在とつながれて、それがじつは自分の中から出てきた自分の一部だと知ったとき、どんな感じがしましたか。

この「思いやりにあふれた友人の瞑想」は、参加者から印象に残ったエクササイズとしてよくあげられるもののひとつです。

私自身も、普段の生活の中で、自分が行きづまったり、助言を必要とするときに、この瞑想を応用して、「自分の応援団結集委員会」を開催という感じで、心の中で自分の中にある知恵や思いやりを総動員させ、本来自分が持っているよさや知恵とつながるひとときを持ちます。本来の自分らしさとつながり、自分の中にすでにある思いやりや知恵にあふれた性質があることを知ることができて、立ち止まってその声とつながって、味方といることができるなと感じています。

誰かの声としての、思いやりや愛、知恵に満ちた言葉は、感謝とともに聞けても、それが自分の中の一部、と知ったとたんに、とてつもない抵抗を感じて、つらくなる人もいます。どうか、そんなときこそ、自分にやさしく。そのような抵抗やつらさを感じることも人として共通のありようです。無理をしすぎず、しやすいエクササイズを続けるので十分です。

長年受け取りたいと願ってはいたけれど、自分がもらえるとは思えなかった、思いがけない贈り物を、思いやりの友人から差し出されて、とてもびっくりしたという人もいました。あなたは、どんな贈り物を自分に与えますか?

つながっていないからこそ感じる「痛み」

誰かに裏切られたり、見捨てられたり、他者とつながれないと感じることで大きな痛みをともなうとき、怒りの反応が起きることが多くあります。

「怒り」は、ハードな感情と呼ばれるもののひとつ。お互いにわかり合えないときに、私たちを傷つけうるものです。

ただし、怒りの感情はただ単に「悪」というわけではなく、役に立ったり、重要な役割を持っていたりすることもあります。

なぜなら怒りには多くの情報がふくまれており、私たちの安全を確保するためにも必要な感情だからです。社会の公平さのために立ち向かっている力になるときもあるでしょう。

でも、怒りの感情を持っているとき、私たちは一面的にしか物事を見られなくなってしまいがちです。大切にしたい人間関係を傷つけてしまったり、本来のあなたという人間のよさを、あなたから連れ去ってしまったりすることもあるでしょう。

この「怒り」の感情が大きな問題を引き起こすのは、この感情をもう持つ必要がないのに、ずっと引きずってしまっているときです。たとえば、怒りの感情がずっと続いて負担となり、恨みがとどまることもあるでしょう。

本当はその怒りを持ち続けても役に立たないとあなたが思うなら、この感情が変容していくのを選ぶこともできます。

ハードな感情（怒りや憎しみなど）の奥には、ソフトな感情（さびしい、怖い、悲しい、など）があると言われています。背後にあるソフトな感情が何かを探検してみましょう。たいていの場合、怒りはそのソフトな感情を守っていると考えられています。さらに、このソフトな感情の奥には、満たされないニーズがあると言われています。

ソフトな感情の奥にある満たされないニーズには、たとえば「自分のことを見ていてほしい」「聞いてほしい」「認められたい」「安心したい」「つながりを感じたい」「知っていてほしい」などがあります。中でも、**私たちが持っている一番深いニーズは、「愛されたい」という願いだと言われています。**

たとえば、友人関係の中で、相手と会いたかったときに、自分に時間を作ってくれなくて、怒りを感じて、語気を強めて自分の言い分を言ってしまったり、あるいは気にしないふりをしたことがあるとします。その心の奥には、さびしいという思いがあったりして、そのような反応をしたのかもしれません。そして、そのさびしいというやわらかで繊細な感情の奥に、愛されていたい、大切にされたい、人と深くつながっていたいというニーズがある可能性があります。

強い怒りを感じる場合は、何かしら素通りできないものが、自分の中にあります。「誰かに愛されるに値しない」と自信が持てないときに、「自分には価値がある」「愛されたり、誰かとともにいる価値がある」と、せめて自分で自分に伝えてあげるとどんな感じがするでしょうか。

エクササイズ 「満たされないニーズ」と出会い、満たしていく

セッション6でのエクササイズに続き、このエクササイズも心が揺さぶられ、なかなか疲れるエクササイズです。今試してもいいな、とか今はまだしないでおこう、とか、心の

オープン度合いを自分にやさしく尋ねてください。

■「**怒りを感じた体験**」**を思い起こす**

楽な姿勢をとって始めましょう。

古い人間関係の中から、いまだに自分が怒りなどの苦い感情を持っている、過去の人間関係を思い出します。「もうその怒りを手放していいな」と思えているような相手です。

その人との間にあった、自分の気持ちをかき乱すような出来事を思い浮かべます。**今も身体に不快な感覚が波立ち、表れ出てくるようなもの。**そうはいっても、トラウマを感じてしまうようなほどではない、ほどほどのものを練習用に選んでみてください。

できるだけ詳しい様子を思い出してください。このときに感じる怒りの度合いを0から10で表すならば3程度のものを選んでみてください。

■**怒りを感じていることを認めてあげる**

自分の身体の中で、その感情がどのように表れているか、感じてみます。

今感じている怒りが、人間の反応として自然なことだということを知っていてください。案外私たちは心の中のどこかで、怒りを感じている自分に罪悪感をもっていたら、どこかで認めない感覚を抱いていることがあります。自分に対して、「**怒りを感じてもいい**」と伝えてあげてください。

たとえばこんなふうに自分に言うこともできます。

「怒りを感じていていいよ」

「人間としてすごく自然な反応だよね」

「あなたはひとりじゃないよ。そういう状況にいたら、そんなふうに感じることもあるよ」

自分と相手のどちらが正しいかというような、出来事の内容に巻き込まれすぎないようにしながら、**怒りを体験している自分自身を認めてあげてください**。

「今の自分に必要なことは、その怒りの存在を認めてあげることだけだな」という人はこれ以上エクササイズを進めなくて大丈夫です。怒りを感じるというのは自然なこと。そして長年にわたってその痛みを抱えている自分に対して、どうぞやさしくいてください。

怒りを感じていることで、今もし身体や心に不快な感じがあるなら、そんな感覚が今あることを許可して居場所をあげながら、身体を思いやってやわらげて、自分の心をなだめます。

■「ハードな感情」の皮をそっとめくって「ソフトな感情」を見つける

もう少し進んでみようという人は、その怒りの中がどんなものか、玉ねぎの皮をむくようにさらにめくってみましょう。そのハードな感情の奥には、どんなソフトな感情があるでしょうか。

どんな感情にも、好奇心や敬意を向けながら、探検してみましょう。

・傷ついている　・孤独でひとりぼっち
・さびしい　・怖い　・恥ずかしい　・悲しい　など

このようなソフトな感情があることを発見したら、まるで親しい友人に伝えるように、理解のある声のトーンで、やさしくその感情に名前をつけてみてください。

「ああそっか、それは『悲しさ』だね」とか「ああ、『怖い』って感じてるんだね」のように。

ここまでにしておいたほうがいいなという人は、自分へのやさしさや賢さをもって、ここでとめておきます。自分にとってどこまで深く進むのがしっくりくるかということを、自分に尋ねましょう。

■やわらかな感情の奥にある「満たされないニーズ」を発見する

さらに進めてみようかなという人は、ここで、しばらくの間だけでも、今思い浮かべていた人間関係から自由に解放されます。傷ついたり、怒りを感じた出来事の内容からも自由になって、そこから解放されます。エクササイズのうちに、「これが正しい」「あれが間違っている」といった考えが思い浮かぶかもしれません。

今だけでもそういう考えを横において、ただ自分に尋ねてみてください。

「自分がそのときに必要としていた、または今必要としている、人間としてのニーズは何だろう？」

たとえば、自分のことを見てほしい、聞いてほしい、つながっていたい、大事にされたい、尊重されたい、特別でありたい、安全でありたい、価値のある存在でいたい、愛されていたい……という願い。どんな人も持っているこのような自然なニーズ。自分の中にあるニーズに気づいたら、やさしさや理解のある声のトーンで、「ああ、こういうニーズを感じていたんだね」と自分に伝えましょう。自分のニーズを知ってあげることで、今日のところはこのエクササイズからはお休みすることもできます。

■自分に「コンパッション」を送って、自分が必要としているものを与える

さらにこのまま続けてみようという人は、もしよかったら身体のどこかほっとする場所に手を置いてみます。

今持っている感情を追い払おうとするのではなく、このような感情が、ここに湧き上がっているから、自分にあたたかさややさしさを送っているだけです。

この外側から届いている手は、他の人から受けたいと長年思っていたコンパッションです。同時に、これは自分が自分に向けるコンパッションにもなりえます。この手の感触をゆっくりと感じてみます。

誰かから自分のニーズを満たしてもらえるのはすばらしいことですが、さまざまな理由から、できないこともあるでしょう。他の人から理解ややさしさを受け取りたいとずっと願ってきたけれども、彼や彼女はさまざまな理由でそれをすることができなかったのかもしれません。

その誰かとは別に、リソースが自分自身の中にあるのです。

もしあなたが、かけてほしい言葉があるのに、それを聞くことができないと思っているなら、その満たされないニーズを感じながら、自分にその言葉を心の底からかけてみます。親しい友人が同じようなニーズを感じているのだとしたら、その友人にだったら、あなたはどんな言葉をかけてあげるでしょうか。

同じメッセージを、自分自身に伝えてみてもいいかもしれません。

あなたが誰かとつながっていたい、つながっていると感じたい、そんなふうに感じるなら、思いやりのある自分がこんなふうに言ってあげることができます。

「**私はあなたのためにここにいるよ**」

「**私はどんなときもあなたの味方だよ**」

もしあなたが、「尊重されていると感じたかった」なら、

「**私はあなたのことを尊重しているよ**」

と伝えることができます。

もし、あなたが愛されていると感じる必要があったのなら、

「**私はあなたのことを大事に思っている**」

「**大切にするよ**」

「**大切な存在だよ**」

「**私はそのままのあなたのことを愛してる**」

とささやくことができます。

他の人からそのニーズを満たしてもらえなかったことに、がっかりする気持ちがあるかもしれません。でもこの瞬間、今、少なくとも自分が持っているそのニーズのいくらかは満たしてあげることができそうでしょうか。

もしあなたの満たされないニーズに対して、思いやりを向けることができないとか、そもそも満たされていないと感じるニーズが何かわからなくて今混乱していたら、**どうかそんな自分に、こういうときだからこそ、コンパッション、思いやりを向けてください。**私たちが人間として持っている深いニーズが満たされない、そんなときに人として感じる痛み。そこにただ、コンパッションを与えます。

このエクササイズから自由になり、今自分が体験したままに、そのままの自分、今の感覚そのままに、少し休みます。スージング・タッチをしてみてもいいかもしれません。

身体に意識をもどして、このエクササイズを終えます。足の裏に意識を置いて、地に足をつけて気持ちが落ち着くのを感じてみるのもいいでしょう。

自分の内面を深く体験する心のエクササイズに挑んだことに、感謝やいたわりを向けてください。このエクササイズは、振り返りの時間も含めて30分くらいの時間を実際のセッションではとっています。一度このエクササイズを体感した人は、普段の生活の中で応用して取り入れられるでしょう。

心が揺さぶられうるエクササイズです。はじめて試す人は、自分の心が無理をしすぎない程度に、ゆったりと試してください。全部をする必要はありません。

このエクササイズを通じて、「自分を癒してあげられるのは自分しかいない」と実感する人に多く会います。

怒りのままに考えたり行動を取らなくても、自分の本音に気づくことで、自分に必要な行動を選べるときが増えたと感じる人もいます。その出来事があったときには感情をごまかして、怒っていないふりをしていたけれど、じつは怒りを感じていた出来事で試した人がいました。彼は、心のありかを探検するうちに、そこには「自分を認めてほしい」というニーズがあったことに気がつきました。

自分の本音に近づいて、自分自身に本音を明かすことは勇気のいることかもしれません。怒りや恨みを感じる完璧ではない自分を許すことで、他の人のことも許しやすくなったという人もいます。

セッション6で、母親との体験をシェアしてくれた女性は、家族に怒りを感じて、母親のお葬式にも行きませんでした。その出来事をこのエクササイズで試し、「本当は愛されたい」「本当は母のことが大好き」――その気持ちを、勇気を持って発見していました。

怒りにまかせて反射的に言葉を発したことで、大切な人を傷つけ、不本意に関係を壊してしまったことに後悔をしていた人もいました。怒りの奥にあるやわらかな気持ちや、本当は満たしたいニーズに自分が気づけると、本来のあなたのよさを見失いにくくなり、自身の中にある知恵や思いやりとつながる助けになるでしょう。

つながっているからこそ感じる「痛み」

人間は社会的な動物で、その脳は、他者に感情的に共鳴する「ミラー・ニューロン」を持っています。誰かが体験し感じていることを、自分の身体でも感じることができます。ミラー・ニューロンは、人間が社会生活に適応する能力として大事なものです。その一方で、人間関係に疲れてしまう原因にもなります。

感情は、まわりに感染します。特に親しい関係だと、なおさらです。

たとえば、相手がにこやかなときは自分もにこやかになりますが、相手がイラッとしていると、それに引きずられ自分もムスッとしてしまうことはありませんか。

ネガティブな感情をお互いに移し合って、人間関係の中でネガティブな感情の悪循環に入ってしまうことがあります。

コンパッションは、このネガティブなサイクルを断ち切る助けになります。さらに言えば、相手を気にかける気持ちや自分自身に対するコンパッションといった意図の部分を耕し続けると、いい感情の循環にしていくことができます。**「いい意図」からポジティブな感情は生まれ、ポジティブな感情からポジティブな人間関係が生まれます。**

私たちが誰かに対して、いい意図を耕していけばいくほど、人間関係がいいものになっていきます。コンパッション（思いやり――苦しみがやわらぐようにという深い願いや行動）もラビング・カインドネス（慈しみ――幸せでありますようにという深い願いや行動）も、「いい意図」を耕すトレーニングなので、人間関係の改善につながるのです。

セッション1で紹介したセルフ・コンパッション・ブレイク（「自分への思いやり」でひと休み・P66）を思い出してください。普段の生活の中でストレスを感じているまっただ中に、「これが苦しみの瞬間だな」と感じて、「こんな気持ちになるのは自分ひとりだけじゃないいなあ」という「共通の人間らしさ」を感じ、「自分にやさしくありますように」という心があたたまっていく練習でした。

このセルフ・コンパッション・ブレイクを、人間関係で生じるストレスに対しても応用できます。たとえば「共通の人間らしさ」の部分で、「苦しみ・ストレスは人間関係の一部です」と言い換えてみてください。

運動や休息だけでは回復できない「ケア・ギビング疲労」

先ほどお話しした通り、ミラー・ニューロンによって、目の前の人がつらい思いをしていると、脳が反応して自分もそのつらさを感じます。

このように共感して共鳴している状態が続くと、疲労を感じたり、感情的に圧倒されたり、挙げ句の果てには燃え尽きてしまうことが知られています。

こうした例は、特に、**介護や医療、保育など、他者をサポートするために多くの感情エネルギーを要する職業についている人々や、子どもの面倒をみる、家族を介護する、配偶者や友人のサポートをする立場にある人々の間で頻繁に起こり、これを「ケア・ギビング(care giving)疲労」**といいます。きっと、みなさんの生活の中で、何かしら、人の面倒をみたり、相談に乗ったりと、誰かのケアにかかわることはあるかもしれませんね。

ケア・ギビング疲労には、気が散る、イライラする、寝つきが悪くなる、他人とのかかわりを避けたくなる、気力がなくなる、相手につい冷たくあたってしまう、感情が麻痺《まひ》してくる、といった症状があります。

誰かを世話することで感じる疲労は、人間的な弱さではありません。人間であれば誰でも自然に生じるものです。

ケア・ギビング疲労に対しては、さまざまなセルフケアの方法があります。運動する、栄養をとる、心を許せる友人と接する、マッサージを受ける、趣味の時間をとるなどが奨励されています。もちろん、これらも大切なことですが、どうしてもこれらのセルフケアには限界があります。

なぜなら、このようなセルフケアは誰かをケアしている現場から離れているときにだけできるケアだからです。仕事に戻ってきたら、苦しんでいる人と寄り添い続け、共感による疲労をまた感じてしまいます。家庭の中で誰かをケアしている人は、その場所に身を置き続けなければなりません。誰かの苦しみに包囲されてしまうかもしれません。

その場から離れて気を紛らわす以外のセルフケアの方法を知っておくことで、バーン・アウト（燃え尽き）を防ぐ力になります。自分への思いやりは決して自分勝手なことではありません。思いやりを枯渇させずに人にも与えることができます。自分のことも大切にしていいのです。

人の悩みを聴くときにこそ「気をつけること」とは

ドイツの神経学者タニア・シンガー博士が、共感（エンパシー）や思いやり（コンパッション）について研究をしていて、共感のトレーニングを受ける人とコンパッションのトレーニングを受ける人を比較しました[37][38]。

目の前に苦しんでいる人がいるときに、共感のトレーニングのみを受けている人は、自分自身も悲しい気持ちで落ち込んでいってしまいます。

コンパッションのトレーニングを受けている人は、共感の気持ちに加えて、苦しんでいる人の幸せを願う気持ちもあり、ポジティブなエネルギーが脳の中で出てくるという違いが報告されています。

「エンパシー（共感）＋ラブ（愛）＝コンパッション（思いやり）」と説明されることがあります。コンパッション・ファティーグ（思いやりの疲労）というものに実態はなく、それは厳密にはエンパシー・ファティーグ（共感疲労）だとマインドフル・セルフ・コンパッションでは説明されています。

人の悩みを聴いているときなど、共感によって痛みを感じる状況にあるときこそ、相手と同じくらい自分自身にもコンパッションを送ることを忘れないでください。

医療従事者には、自己犠牲を払わなければならないのではないかという葛藤を持つ人が多くいます。目の前で苦しんでいる患者さんに対して、もっと何かできるのではないかという気持ちを強く持っています。

医療従事者は、自分が患者の苦しみの原因を作ったわけではないけれど、大きな責任を感じ、「役に立たなきゃ」と自分を追い込むことがあります。

誰かを直接ケアするなかで感じる疲労のほか、医療のシステムや環境的な要因で燃え尽きる問題もあるでしょう。米国の医療のあり方を率いるリーダー組織のひとつ、全米医学アカデミーは、医療従事者が職業ストレスを抱えることで、医療従事者自身の心身のウェルビーイングの低下だけではなく、患者安全・医療の質に影響を与えると警鐘を鳴らしています。[39]

私が2010年から勤めていたハーバード大学／マサチューセッツ総合病院MGHでは、患者の視点を大切にした思いやりとともに、医療従事者にも思いやりのあるケア、どちらも包括した思いやりのこもったケア（コンパッショネイト・ケア）を大切にしています。２０００年代以降、医療従事者の燃え尽きの問題や、それが患者の満足感へ与える影響、医師や看護師らの自殺への問題意識があり、２０１７年に報告された医師の燃え尽きと医療の質の系統的レビューでは、医師の燃え尽きは、患者安全やケアの質との関連に中程度のエビデンスがあることが指摘されています[40]。

私は、医療従事者自身もマインドフルネスやセルフ・コンパッションを通じて自分の心身をより理解してケアし、自分を思いやるスキルを身につけていくことは、結果的に医療の質や安全への貢献にもつながるものと考えています。

医療の質の管理者としてＭＧＨで働いていたときには、管理の一環として、燃え尽きや離職を予防すること、患者への思いやりが高まることをみすえて、医療従事者へのマインドフルネスのプログラムを実施していました。医療従事者が自分自身の心身をいたわることは、燃え尽き防止や、他者の視点に立つことに役立つ可能性が、現場でのデータからも見ることができました。

医療従事者にかぎらずさまざまな立場の人も、自分にコンパッションを向けることにためらいを感じたり、自己批判的になってしまうことがあるかもしれません。しかし自分にコンパッションを向けているほうが、他の人に与えるコンパッションも枯渇しないのです。ぜひ自分にもコンパッションを向けてください。

自分が落ち着いているときは、そばにいる人の心も落ち着き、いい循環が生まれます。自分にゆとりがあると、まわりにいる人もホッとできます。いい影響を与えられるので、自分の中におだやかさや落ち着きを持てるという意味でも、自分に思いやりを持つのを許すことは、良好な人間関係を育むうえで大切です。

エクササイズ

平静さとともにある「コンパッション」

心地のいい楽な姿勢をとって、数回深呼吸をして、身体に、そして今ここに、徐々に落ち着いていきます。

胸元や、自分にとってどこかしっくり感じられる体の部位にやさしく手を触れます。

自分の手から伝わるぬくもりや感触を、呼吸とともに味わいます。

あなたが大切に思っている人で、あなたをとても疲れさせ、イライラさせる

人、そして、その人自身が苦しんでいる、そんな誰かを心に思い浮かべてみてください。

その人を世話している状況を、はっきりと心に思い浮かべてください。

自分の身体に不快な感覚が表れてきたら、その感覚をそのまま感じてみましょう。

注意深く、あなたの内側でやさしく奏でるように次のフレーズを唱えてみます。

どの人も、彼の、そして彼女の人生の旅の途中にいます。
私はこの人の、苦しみのたったひとつの原因ではありません。
そして、その苦しみをなくす力は、私の中に完全には備わっていません。
備わっていてほしいと願うけれども、備わっていません。
このような瞬間に耐えるのは難しいけれど、
できるなら、また助けようと試みてもいいのです。

身体にあるストレスに気づいてみましょう。
ゆったり自分のペースで呼吸を続けながら、息を深く吸うとき、身体の中にいたわりを届けます。そして、身体のすみずみまで思いやりで満たしていきます。
自分に必要ないたわり、やさしさを受け取ります。

自分が必要としているコンパッションを、あなた自身に与えましょう。楽なペースで（毎回の呼吸で「しなきゃ」と力まなくて大丈夫です）。

息を吐きながら、先ほど思い浮かべた相手にコンパッションを送ります。

呼吸とともにコンパッションを受け取り送り出すことを続けながら、自分の身体の中に自然な呼吸のリズムを見つけていきます。身体全体で呼吸をします。

自分のためにコンパッションを取り入れて、相手のためにコンパッションを送り出します。苦痛を感じたり、自分の心や身体が反応していたら、自分の内側の情景をじっくりと眺めてみます。

もし相手が、もっとコンパッションを必要としているようであれば、そちらにより多く与えることもできます。

呼吸をするたびに、自分の身体がやさしく扱われていることに意識を向けます。

痛みや苦しみ、すべてを抱きかかえてくれる無限の広さを持ったコンパッションの海に、自分自身をゆだねてみます。

もう一度この言葉を心の中でじっくり聴いてみてください。

どの人も、彼の、そして彼女の人生の、旅の途中にいます。

私はこの人の、苦しみのたったひとつの原因ではありません。
そして、その苦しみをなくす力は、私の中に完全には備わっていません。
備わっていてほしいと願うけれども、備わっていません。
このような瞬間に耐えるのは難しいけれど、
できるなら、また助けようと試みてもいいのです。

思いやりの海にゆだねて、このエクササイズから自由になって、この瞬間このままの自分でいさせましょう。ゆっくりとまぶたを開けていきます。

今体験したことを味わう、束の間のひとときをもってください。

この瞑想は、職場で人間関係のストレスを感じたときに仕事の合間や帰り道に、目を開けたままでも、フレーズを自分に伝えてみることで普段の生活に取り入れてもいいですし、家でゆっくりと目を閉じて行ってもいいでしょう。

自分が必要以上に相手のイライラの責任を感じたり、相手からのジャッジを一身に受ける必要はありません。ときには、自分の問題としてではなく、相手が乗り越える必要のあることとして、愛を持ちながら手放していいときもあるでしょう。人からジャッジを受けるとき、「意見をサンキュ」と心の中で唱えて、そしてまた、ただ自分自身、自分のおうちである身体や心に意識を戻してくる、ということもできるでしょう。

「バランスのとれた思いやり」の瞑想を通じて

病気の家族の世話をしている人は、「症状が改善しないのは自分のせいではないか」と感じ、疲れ果てていたけれど、「自分がすべての原因ではない、また助けたいと思ってもいい」というフレーズに、少し楽になり、相手にやさしくなれる、と感じたそうです。

「小さな子どもを育てていると、いろいろな局面で母親がどう決断し行動したかばかりが問われがち」だと感じ、気持ちが追い込まれていた人が、「この瞑想を知るために、今このマインドフル・セルフ・コンパッションに自分は参加したんだ」と思うほどにインパクトを感じていた人もいました。

変えられない状況をどう受け容れるかについて洞察を感じた人もいました。そっとしておく、ただそれだけでいい、そのままでいい——感情をいろいろとくっつけないで、そのままにして、もしまたトライしてみたくなったらトライしてみてもいいかも、という、ニュアンスが響いたとのことでした。

コンサルタントという仕事柄いつも課題を見つけて、よりよく変えていくことをつねに考える習慣を持ち、ある治療を受けていた女性は、こう聞かせてくれました。

「治療にもう疲れた。もう注射もいやだって自分が思ったら、それはそれでよくて、一旦今やめてもいい。パーフェクトにやらなくていいし、いつも変えようとがんばらなくていい。**ありのまま、それがあることとして受け容れましょう、変えようとしないでいい、そのままにさせてもOKにしておくというニュアンスが新鮮だった。**でもできることをしようとも思える」

人道支援の仕事をしている、ある人はこう言います。

「食べ物や水にも困っている人がいるのに、自分がこの便利な生活ができているということに罪悪感を抱えています。自分の力のなさに腹が立ったり、がっかりしたり、責めたり。自分にできることは、もしかしたらそんなにないのかもしれない、でも、変えられない状況の中で希望を持ち続けたり、できることをしようと思える。ずっとがんばり続けることもできない、だからちょっと休憩してまたトライ、というフレーズがしっくりくる」

ある医療従事者は、「日常的に目の前で人が亡くなって、無力感にさいなまれることがあるけれど、それは自分のせいではない。どうしようもないこともある。そんな中で、またトライしてもいいよ、というフレーズに救われる」と。

また、心理職のある人は、「『自分がかかわっているクライアントも人生の旅の途中にいる』というフレーズが響いた。そして、その人の力になりたいという強い責任感がありながら、『私はその人の苦しみの原因ではありません』というところに、自分が燃え尽きずに、目の前の人のためにできることを尽くしていこうと思えた」と言いました。

「心の平静さ・安定」イクァニミティとは

ケア・ギビング疲労や共感疲労に対処していくとき、コンパッションだけではなく、バランスのとれた心も必要になります。

成功と失敗、喜びと悲しみ、楽しみと苦痛といった対照的な心の状態のまっただなかにいるときにも、そんな人生の姿とともにいる動じない心のありようです。

セッション3で紹介した四無量心では、「捨」にあたるのがこのイクァニミティ(equanimity)です。

突風が吹き荒れ、苦しみが当面続く人生の荒波のまっただなかで、無気力になるのでもなく、勇気をもって心を開いておく。その状況にあいさつし、できることを尽くし、結果をゆだね、信頼し、静穏に受け容れようとする心持ち。悲しみを感じているとき、その悲しみを感じている。喜びや朗報に興奮するときにも、すべては無常で、変わりゆくこと、人生ははかなくて貴重なことを知っている。そんな、広い視野で物事をながめている平静さ――。

自分や相手のことを大切に心にかけよう、でも完全にはコントロールできないとも知っていて、自分の中にしっかりと戻ってくる心のありかがあります。

この心の姿勢は、マインドフルネスの練習が力になります。平静、といっても、物事や人に対して冷たく突き放すように離れているわけではありません。無関心になったり気持ちを押し込めて何も感じないわけではありません。すべては永遠ではなく移ろうことや、私たちは相互にかかわり合っていることへの深い理解が土台にあります。

限界を知りながら、自分の心や境界も守りながら、自分や誰かへの思いやりの行動を選択していく力が育まれるのを、ゆっくり見守ってみませんか。

これまでさまざまな困難を乗り越えてきたあなたのその力や、誰かのために尽くしてきたその思いやりを、あなた自身の人生のためにもつかってください。あなたがすでにもっている心の強さ、やわらかさ。あなたという存在を大切にする行動や、誰かとの関係のあり方の選択へとつながっていくかもしれませんね。

人間関係で感じる痛みや苦しみとともにいる体験がもりだくさんのセッション7では、さまざまな気持ちの本音が顔を出してきて直面せざるをえなかったり、人間関係の重たさにどっしりと疲労を感じている人もいるのではないでしょうか。

おつかれさまでした。

どうか、今週もできるだけ身体をいたわって、お過ごしください。

無理に直面しなくては！　となるより、「今はドアを閉めとこう、ぱたん」といつでも一旦お休みしていいです。ご自身にとって楽しみややりやすさ、心の軽やかさを感じる実践を取り入れていてください。

日常生活での練習

・思いやりにあふれた友人（262ページ）
・人間関係で感じるストレスへのセルフ・コンパッション・ブレイク（282ページ）
・平静さとともにある「コンパッション」（288ページ）

セッション8

「感謝」とともに生きる

私たちは、自分で思う以上に、幸せになれる存在です

いよいよ最終セッションを迎えました。あなたの人生のポジティブな面へのマインドフルネスを体感するとともに、あなたにとってのマインドフル・セルフ・コンパッションの旅をふりかえり、残りの人生を丸ごと生きていく羅針盤のようなセッションです。

Embracing Your Life

「いい面」を、見つめる
――幸せを感じる力を耕し、「自分の人生」を生きる

これまで、セッション1から7を通して、人生で避けることのできない苦しみを包容していくスキルやリソースを育ててきました。一方で、私たちが生きている人生には、苦しいことだけでなく、喜びや幸せの瞬間もたくさんあります。

セッション8では、人生を存分に生きるために、人生の、そしてあなた自身にあるポジティブな面を認識して楽しむこと、つまりポジティブな面へのマインドフルネスを体感していきましょう。思いやりのエネルギーを持ち続けるためにも、必要なことです。

病気や逆境に直面している人を対象に、人生の意味・生きがいを感じられるように行われた心理介入プログラムについて、最新のメタ解析では、マインドフルネスには意味のある人生を送っている充足感に対して高い効果量があることが報告されています[41]。

エクササイズ

自分、そして他者への「思いやり」

この本での最後の瞑想を紹介します。

まるで「**楽園にいるかのような瞑想**」とも言われることがあります。幸せを願う「ラビング・カインドネス」や、苦しみがやわらぐよう願う「コンパッション」を使います。そのふたつを細かく区分する必要はありません。「心の中に浮かんでくるすべての存在が愛に満たされていますように」と自由に、ゆるやかに、大切な願いを込める瞑想です。思いやりが自分だけに閉じているわけではないことを実感し、他人をもいたわる気持ちが自然に湧き起こってくるかもしれません。

世界がたとえ困難で苦しい状況にあっても、そして、世界がたとえ変わらなくても、あなたの心に浮かぶすべての存在に思いやりや親切さのある態度でいるよう、あなた自身の心の住みかを耕すことで、私たちは幸せをより感じられる人生を送ることができるかもしれません。

■「思いやり」とともに身体の中でひと休み

楽な姿勢を選んで、身体が心地よくいられる工夫をして、ゆったりと呼吸をします。

「はああーーーー」と息抜きのため息をついたり、セッション8をいよいよ迎えている自分に祝福や感謝の笑顔を向けたり、今の身体や心の状態を思いやり、簡単なストレッチをする間《ま》をとりましょう。


胸元や、しっくりくる身体の場所に手をのせて、スージング・タッチやサポーティブ・タッチを。よかったら、そのまま、まぶたを閉じます。

生きとし生けるものと同じように、あなたも大事な存在であること、思いやりを受け取る価値ある存在だということを、手から伝わるぬくもりや感触、やさしい重みを通じて、じっくりと感じます。

身体の内側の世界に、オープンに、好奇心とともに近づきます。
今この瞬間に起きている感覚。身体の中で起きている振動や、心拍の様子など、身体の中の感覚に世界を広げて、この瞬間、人間の身体が持っているのがどんな感覚か、時間をとって味わいます。

呼吸をする身体の動きを感じています。息の出入りを通じて、やわらかく揺れるリズム、おだやかな波が寄せては返すように、身体の内側からやさしく撫でられているような感覚。これは生きている間、ずっと続くものです。

■自分自身へのコンパッション

今この瞬間だけでも、ただ、身体に意識を向けて、やさしさを届けましょう。出ていく息や入ってくる息とともに、自分自身に親切さを送り届け、受け取ります。もしよかったら、内面へ微笑みを向けることもできます。

次のフレーズを何回もゆっくりと、自分自身に伝えます。しっくりくる言葉が他にあれば、それを使ってください。

「私が幸せでありますように。私が苦しみから解放されていますように」

■私たちへのコンパッション

試してもいいかなという人は、自分の心に誰かが浮かんでくるままにしましょう。

心の中に誰かが現れるのを待って、その人にもそのフレーズを伝えるひとときを持ちます。家族かもしれません。今日、見かけた誰かかもしれません。
誰かが思い浮かんできたら、その人に何かいいものが送り出されるようなイメージを向けてみたり、出ていく息とともに安心感を送り出したり、笑顔や祝福を送ったり、こんなフレーズをゆったりと唱えます。

「あなたが幸せでありますように。あなたが苦しみから解放されますように」

その存在への深い願いを好きなだけ伝えてください。

なるべくゆっくりと楽に続けていきます。そして、次にやってくる人を待ちます。ゆったりと少なくとも数回の呼吸はそれぞれの存在に向けましょう。

「あなたが幸せを感じていますように。あなたが苦しみから自由でありますように」

次に心に浮かぶ人は、駅の改札にいた人かもしれません。配達してくれた人かもしれません。今は会えない誰か、海外にいる誰かかもしれません。応援したい誰かかもしれません。自分自身かもしれません。もしそうなら、自分自身にもあたたかな笑顔をあげます。

「私が幸せでありますように。苦しみがやわらいでいますように」

心の中に立ち現れる誰かを待って──ひとりひとりや自分自身、すべての存在に愛ややさしさを送ります。

心に浮かんだ誰かに思いやりや愛を向けるのが難しいと感じるとき、いつでも自分自身の幸せを願うことに戻ってくることができます。

自分がしてみたいようにしてください。そしてまた、心の中に訪れる誰かにやさしさを送ったり、その人の幸せを願うフレーズを心の中で唱えます。

あなたの心の中にある楽園。

ゆりかごに横たわるように、やさしさのシャワーを浴びるように、自分にとってやりやすいイメージや方法で、思いやりに包まれます。もし考えがあちこちに漂ったら、身体にそっと触れて、あなた自身が愛されるのに値する存在だということをまた思い出します。

この瞑想から徐々に解放されて、何でも体験しているまま、感じているまま、そして、そのままの自分でいることを、今この瞬間だけでも許して……少し休みます。

ゆっくりと、まぶたを開けます。

誰もが持っている「ネガティビティ・バイアス」
――なぜ「悪いこと」にばかり注目してしまうのか

ポジティブな出来事はすぐ忘れてしまう一方で、私たちは脅威《きょうい》から生き残るため、「問題あること」のほうに、よりフォーカスするようにできています。また、セッション2で触れたように、人間の脳には「デフォルト・モード・ネットワーク」という働きがあることがわかっており、ボーッとしているときほど、過去のことや未来のこと、自分自身の問題探しをしています。

怒りや心配、恥といった感情は、脅威から身を守ったり、生き抜いていくためには助けになる一方で、認知のフィールドを狭めてしまうこともあります。

喜びや平穏、信頼、愛といったポジティブな感情は、自分たちの気づきをオープンにしてくれて、新しい機会にも気づきやすくなります。

神経心理学者のリック・ハンソン博士のたとえ話があります。

「ネガティブな経験は、マジックテープのようにこびりついてなかなか取れないが、ポジティブな経験は、テフロン加工のようにくっつきにくく、簡単につるんと取れる」

ヘレン・ケラーは、このように綴っています。

「幸せのひとつの扉が閉じるとき、他の扉が開いている。けれども、私たちは閉じた扉を長く見ていて、私たちのために開いているほうの扉を見ていない」

自分のいいところを褒められても、すぐに聞き流してしまうけれど、自分のごく一部の特徴を批判されたり指摘されたときに、そのことはずっと残って覚えていたり、ずっとネガティブな影響を受け続けている、という人は多くいるのではないでしょうか。

マインドフルネスは、ここにあるものをそのままに、認識します。

けれども、私たちの脳は、その構造上、実際にはこのようにネガティブな側面を強調しがちで、これでは現実や、あなたという人間に対してゆがんだ見方をしてしまいます。そして、人間関係や、あなたの普段の意思決定の仕方にも影響をもたらします。

誰にでも「ネガティビティ・バイアス（ネガティブな面に偏《かたよ》ること）」があるので、バランスのとれた気づきを保ち、私たちの世界や私たち自身を正確に捉えていくためにも、あえて意図して、ポジティブな感情に注意を向ける必要があります。

幸せを「味わう」ということ
——「ネガティビティ・バイアス」を正す3つの方法

人生のあらゆる瞬間を充実して暮らしていくためにも、ネガティビティ・バイアスが自分たちに存在することを理解し、バランスをとることを意識することで、幸せを感じる力を耕すことができます。

ネガティビティ・バイアスを正す方法を、ここでは3つ紹介します。

1つ目は、喜びなどポジティブなことを味わうことです。
2つ目は、感謝することです。
3つ目は、自分のよさをやさしく認めてあげること(セルフ・アプリシエーション)です。

「味わう」を日常生活に取り入れる

マインドフル・セルフ・コンパッションの中で「味わう＝savoring」というのは、

- 人生の中で、ポジティブな体験をしているときにそれを認識していて
- そこに惹きつけられ、楽しむことを許可していて
- その体験にとどまることができ
- そして存分に満喫したらそれを手放すことができる

ということです。

たとえば、ここでは、感じて味わって歩むひとときや、味わって食べるひとときを持つエクササイズを紹介します。どちらも、「楽しまなきゃ」「楽しませよう」と自分に義務感を与えるのではなく、**その体験を楽しむ許可を自分に与え、楽しむままにさせる心持ちで**試しましょう。

エクササイズ

感じて、味わって、歩く

15分くらいでもいいので、時間をとって、会話をせずに静かに散策しましょう。喜びを感じられる何かがあったらそれに気づき、ゆっくりとあなたの感覚（見たり、匂いをかいだり、聴いたり、触れたり、味わう）を使いましょう。写真に撮っておきたくなるかもしれませんが、このエクササイズの間は、「ここでは撮らない」という選択をして、自分の感覚とともに味わって歩みを続けます。

歩いているときに、何に興味をそそられ、美しさを感じるでしょうか。たとえば、植物を見かけたら、今その世界に、自分とその花や草木しかないというほどに興味を持って、萌黄色の小さな若葉が寄り添っている姿や、花びらの色合い、みずみずしい生命の様子や、力強く湿った木の根、手触りを確かめたりしながら、そこにとどまります。清々しい空気、鳥のさえずり、雨のしずく、水面のゆれ、やわらかな陽射し、風ですれ合う木の葉の音、雲の流れ――。

そして、いつでも手放すことができ、次に興味あるものがあったら、花の蜜から次の花の蜜へと飛ぶミツバチのように、また次へと移っていきます。

ゆったりと時間をとって、あなたの思いのまま、心のなりゆきを見守りましょう。このエクササイズが終わったら、あなたにとっての体験をふり返ってみてください。

家の中で試すこともできるでしょう。いつも暮らしている空間で、あまり気に留めていなかったものに新たな発見をするかもしれません。

食べ物を、「心全体」で味わう

「味わう」ということは、普段の生活にこそ、取り入れることができます。喜びを感じられる経験のマインドフルネスが、「味わう」こと。あなたが好きな食べ物や、あなたの身体に取り入れたいと感じられる食べ物や飲み物で、このエクササイズをしてみましょう。

マインドフルネス・ストレス低減法の瞑想会では、ランチ一食を1時間かけて、マインドフルに食べるひとときを持ちます。

「普段、デスクの上で10分以内で食べています」という人が、1時間で食べきれなかったりします。

いつもは気づかなかった食材ひとつひとつの素材の個性や味の重なり合いを楽しんだり、今食べるまでに至ったこの食材たちの道のりに気持ちが圧倒されて感謝であふれたという人もいました。おにぎりで試した人は米粒の一粒一粒がいきいきと感じられたそうです。

マインドフル・セルフ・コンパッションのこのエクササイズでは、ゆっくり食べなきゃというよりは、味わうこと、喜びや感謝、楽しみを自由に堪能してください。自分の身体に栄養を与えてあげましょう。

エクササイズ

心から味わって、食べる

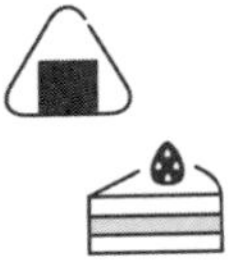

味わって食べたいものを用意します。サラダやおにぎり、おやつでもかまいません。身体の中に取り入れたいものを選ぶといいでしょう。
まずは、あなたの育ってきた環境や地域の中での食に対する歴史や食文化をじっくりと振り返り、敬意を向けるひとときを持ちます。

それでは、あなたにとってその食べ物がどんな姿か、見るひとときを持ちます。ゆっくりとその時間をとります。もし、その食べ物を見ていて、楽しみや魅力を感じたら、どうぞその感覚を自分が楽しむまま、許可してください。

香りはどうでしょうか。触れた感じはどうでしょうか。匂いをかぎます。

あなたの口元にこの食べ物がやってくるまでにどれだけ多くの人がかかわってくれたか、思いを馳せるひとときを持ちます。この食材ひとつひとつを育ててくれた農家の人や、運んでくれた人、この食材を置いたお店の人たち、料理をした人……。

噛むまでに、ゆったりとしたプロセスを持ちましょう。

その食べ物に手を伸ばして、口に運ぶ前にすでに唾液が出てきていることに気づく人もいるかもしれません。その食べ物をいよいよ口元に近づけます。

くちびるにその食べ物が触れる感触に気づいて、そして、口の中にその食べ物を運んでいきます。最初に噛んだときに口の中に広がる香りを堪能したり、普段はすぐに飲み込んでいるかもしれませんが、思わず飲み込みそうになることにも気づき、ゆっくりと噛んでその食べ物の感触や匂いなどを味わいましょう。

目を閉じて、香りをじっくりと味わってみると、どんな感じがしますか。いよいよ飲み込もうというときも、**飲み込むことを知っていて、飲み込みます。飲み込む感覚、身体の中を通っていく様子にも気づきを向けます。**

食べるということの行動や、表れ出るいろいろな感覚に気づいたり、味わって食べることを楽しむことを自分に許可をしながら、こんなふうに食べ続けます。ゆったりと時間をとります。

食べ終わったら、「食べ終わったなあ」ということを身体で味わうひとときを持ちます。

今食べ終わったものの香りなどを感じるかもしれません。

「食べ終わったなあ」という余韻を味わいます。

身体全身へ気づきを広げます。今この瞬間、身体の中はどんな感じがしますか？

何気ないことに気づき、味わう。シンプルな美しさへの感謝。「日本にはシンプルな美しいものに対する感謝の念や、味わうという心がある」とガーマー博士は言っていました。私も本当にそう思います。

生活に、ぜひこのエクササイズを取り入れてみてください。

「感謝の念」で人はもっと幸せになれる
――身体と感情のウェル・ビーイング

ネガティビティ・バイアスによって、私たちは、欲しいけれど自分が持っていないもの、欠けているものばかりにフォーカスしがちです。そんなとき、心の状態はネガティブな状態にとどまってしまいます。

多くの研究で、小さなことにも感謝の念を持ち、人生が私たちに与えてくれるものを受け取ることで、身体や感情のウェル・ビーイングが高まったり、ストレスや抑うつ感が軽減したりすることが報告されています。

「感謝」の実践は、「知恵」や「つながり」の実践でもあります。

エクササイズ

ささやかなことへの感謝

簡単なエクササイズがあります。

日々の生活の中で、「ありがたいな」と思っている、ちょっとしたことを10個くらい思い浮かべます。

たとえば、お湯が出るとか、メガネがあるとか、ボタンがあるとか、誰かが向けてくれた笑顔など、何でもいいので書き出してみてください。

今この瞬間、私たちの人生を支えてくれる幸せなものを考え、書き出して、今どんな感じがするでしょうか。

このセッションは、参加者の気分がよくなったり、ポジティブな感情を生む力を持っています。あたりまえだと思いがちなポジティブなことに感謝すると、心のバランスをとるきっかけになります。

私たち人間というのは、自分で思う以上に、幸せになれる存在です。

でも、「このエクササイズをしてもあまり感謝の気持ちや幸せな気持ちは湧き上がってこない」と感じている人もいるでしょう。それでもいいのです。感謝しなきゃと追い込んだり、感謝できないことに罪悪感をもつ必要はありません。

そんなふうに感じることも私たちにはあります。それこそ、人としての共通の経験です。

そんなときこそ、自分に思いやりを向けてください。

日々あたりまえだとみなしがちなことだけど、じつはあなたのこのかけがえのない毎日を守ってくれているものに気づいてみる、という心持ちで試してみるので十分です。

1日3つ、どんな些細なことでもいいから感謝していることを思い出して、その日が終わる前に思い浮かべたり、書き出す、そんなシンプルなエクササイズもおすすめです。

「あー、だめだ……」とお先真っ暗になりかけても、「あ、こういう側面もあったな」と、ありがたい面が毎日ひそんでいると気がつくことができます。今、どこか（歯や耳、親指などどこでも）に痛みがないことや、熱を出さずに過ごせていることかもしれませんし、安全であたたかいふとんで眠れること、ガスや電気が使えてお湯で身体を洗えたり食べ物を作れることでもいいです。自分の味方でいてくれる誰かの存在を感じられた、大切な誰かが今日1日元気でいてくれている、ということかもしれません。

「自分のよさ」に気づき、認め、感謝する

さて、感謝のエクササイズで、自分自身に感謝することを思い浮かべた人は少ないのではないでしょうか。今度は、自分のよさや自分の資質に、目を向けてください。幸せを感じる力を耕す3つ目の方法です。

自分のよい側面を考えることを、「照れる」「恥ずかしい」「そんなことを思うなんてナルシストっぽい」「自分のいいところは考える必要がない」と思う人もいます。優越感に浸ることのように思えて、ためらう人もいます。

しかし、じつはそうではありません。このエクササイズは「他の人より私はすごいんだ」と切り離すことではなく、健康的な方法で、自分のよさに気づき、親切さをもって肯定するのです。それを試してみましょう。

自分への思いやりの3つの要素を覚えているでしょうか。

自分のよさにその3要素（マインドフルネス、自分へのやさしさ、共通の人間らしさの

感覚）を応用すると、私たちはもっと自分によさを認めてあげる心を鍛えられるでしょう。

1つ目に、私たちは自分が持っているよさを、あたりまえのものとみなすのではなく、マインドフルでいる必要があります。

2つ目に、「共通の人間らしさ」の感覚を覚えておく必要があります。そうすれば、「他人より自分が優れているからだ」とは感じずにいられます。

3つ目に、自分の資質を認め、敬意や感謝を表現することによって、自分にやさしくある必要があります。

じつは、自分自身のよさを認めるために、「共通の人間らしさ」の感覚がとても重要な役割を果たします。

自分の中にあるいい面は、自分にかかわってくれた人たちや、さまざまな条件が積み重なった結果です。他の人たちと相互依存的です。自分のよさは自分だけのものとして、他人と切り離せるものではありません。ですから、自分のよさ・資質を認めることは、決して自分勝手なことではありません。自分のよさを育んでくれた人たちにも敬意を向けることになります。

そして、自分自身のよさを認めてあげるときは、

「どんな人も、私も、いい面も、そんなによくない面もある。自分は完璧ではないかもしれないけれど、私のいくつかの部分はすばらしい！」

というように見てほしいです。どの人にもいい部分があるように自分のいい面に気づく力でもあります。

さらに、セルフ・アプリシエーションは、健康的な自信や、心の強さ（エモーショナル・ボイヤンシー　感情の浮力）をもたらすため、自分勝手どころか、他の人により思いやりを向けられるようになります。**自分のよさを認められる人のほうが、他の人のよさも見つけ、認める力を持っているのです。**

「東洋の文化では、個人主義というよりも、人として共通のありようの感覚への理解や社会的なつながり感があるからこそ、自分自身のユニークさや特別さを感じることにためらいを感じることがあるものですか？」と米国の先生にきかれたことがあります。あなたにとっては、どうでしょうか？

比較や分断というより、お互いにユニークで、ひとりひとりが特別な存在であるように、あなた自身のユニークさを再発見し、認めてみませんか。それでは、そんなセルフ・

アプリシエーションのエクササイズをしてみましょう。

エクササイズ

「自分のよさ」をやさしく認める（セルフ・アプリシエーション）

楽な姿勢をとります。意識を身体の中へとおろしていきます。

自分に感謝していることや認めていることを数個、じっくりと考えてみます。

最初に思いつくいくつかは、表面的なことかもしれません。あなたが自分について、本当に、深いところで好きなところを、まぶたを閉じて、じっくりと、じっくりと、長く時間をかけて、心をオープンにして、正直に、思い浮かべてみます。

もし、落ち着かない感じがしたら、なんでもあなたが今感じていることに居場所をあげてください。そして、そのままのあなたでいさせてください。

「自分のいいところ」はいつも、そうであるものでなくても大丈夫です。「ああ、そういう面があるときもある」「それも真実だなあ」と、認めているような心持ちです。悪いところがあってもいいんです。それに、あなたが他の人より優れている、というわけでもありません。

次に、あなたが特に認め、感謝している具体的な、あなたのよさのひとつに、ここではフォーカスします。

自分が持っているいい資質を育んでくれた人たちや存在には、どんなものがあるでしょうか。あなたの人生にポジティブな影響を与えてくれた人。家族や友人、先生、大好きな本の著者でもいいでしょう。その存在たち、そして、そこから受けたポジティブな影響を思い浮かべながら、ゆっくりと、感謝を送ってください。

自分のいいところを認めたり、自分に対して敬意を向けるとき、私たちは、自分を育んでくれた人たちに対しても敬意を向けています。自分のよさを認めることは、それを育んできた人たちを敬うことにもなるのです。自分のよさを育んでくれた人や条件といった大きな枝から、自分のよさの枝が育ったように、自分のよさを認めたり感謝することは決してひとりよがりなことではありませんので、自分のよさを祝福していいし、自信を感じてもいいのです。つながりや敬意があります。

ゆっくり時間をとり、この瞬間を味わい、自分自身をじっくり味わい、自分について感じる気分のよさを味わい浸って、まぶたを開けます。

自分にいい影響を与えてくれた人への想いもあふれ出てくるエクササイズだったのではないでしょうか。自分のよさに気づいて認めてあげることが、自分のよさが生まれ育つのを助けてくれた人や環境への敬意にもなると思うと、どう感じますか？

傲慢な自信ではなく、「謙虚な自信」「あたたかな自信」を感じていい、自分で在るということに居心地のよさを感じていい、と自分に許可を出してみると、どんな感じがしますか？

丸ごとの自分に対して、思いやりを向けてみてください。私は完璧ではないけれど、私のいくつかの部分はすばらしい。誰でも短所や長所がある。人間は複雑で、いろいろな側面を持っていて、ひとつの面だけでその人をひとくくりに決めつけることはできない。このように見ることができるでしょう。

人間はどうしても、ネガティブなほうばかりに気づく性質を持っています。

「自分には致命的にダメな部分がある」と思ってしまう出来事があるときに、その一部分だけに注目してしまい、自分の全体が見えなくなってしまうことがないように、セッション7までで練習したセルフ・コンパッションや本セッションで紹介したセルフ・アプリシエーションを続けてください。自分という人間のいろいろな側面を、オープンであたたかい気づきで抱きとめ、包容します。

「愛されたいと願うのは不可能。なぜなら、もう愛されている」

マインドフル・セルフ・コンパッションの参加者からはこんな感想が出ました。

「心が喜んでいる。自信がみなぎって、自分がかけがえのない愛される存在であると感じています。同時に、私を今まで支え、育んでくれた人や出来事に敬意と感謝の気持ちでいっぱいです」

「自分の好きなところが全然出てこなくて、自分のいやだと思うところばかりが、ずっとそこにありました。でも、自分の心にスペースをあけて、そのいやな気持ちに『そうか、今こう思っているんだな』ってラベルを貼り、呼吸に意識を向けました。そしたら自分を育んでくれた人たち、自分を大事にしてくれた人たちへ自然と感謝が思い浮かび……私、そんなに悪くないなって思えました」

「私は『愛されたい』とか『つながりたい』ということを強く思いすぎて、求めているからこそ、逆に、愛されないように、つながりを断つように、そういう行動をずっと続けてきていました。だけど、愛されないとか、つながれないということ自体が不可能で、いくら断とうとしても断てないんだということに気づいたのです。そうしたら、すべての人が愛されていて、つながっているということなんだと思いました。

そして、**今まで自分で気づいていなかった、自分のよさがどんどん出てきました。**そのよさを育んでくれた存在を思ったら、まずは両親への感謝が、言葉にならない感謝があふれてきたのです。今まで両親や他人に対して、自分はつねに感謝していると思っていたけれど、それは偽りで、自分のよさがわかったから出てくるこの感謝こそが、真の感謝だという気がして、すごい体験ができました」

セッション6や7はむしろ集中できたのに、自分のいい面を考えるとなったとたんに眠気がおそってきて、考えることすらできなかった、何にも出てこなかったという人もいました。いいところを考えようとしても、「いやいや、いろいろ悪いことしちゃってるからなあ」というのばかりが浮かんだ、という人もいました。こういうのも共通の人間らしさです。

残りの人生で実践を続けていくために

本書を手にとって読み始めてから、たくさんのテーマの話や、さまざまな瞑想、心の筋トレを体験してきましたね。いよいよ、マインドフル・セルフ・コンパッションのセッション8までの冒険はひとまず終わりに近づいてきました。

そこで、セッション9、つまり残りの人生で、これまでの気づきをあなたの胸に留め続けて、あなたにとって大切な意図を忘れないためにも、また、実践を続けていくためにも、あなた自身の体験をじっくりと振り返る作業をしたいと思います。

エクササイズ

私は何を、覚えておきたいだろう?

紙とペンを用意してください。マインドフル・セルフ・コンパッションの旅のためにノートを使っている人は、ぜひそのノートを使ってください。2つの質問をします。

■「ハートの質問」

あなたのハートをスキャンしながら、自分自身に尋ねてみてください。

この本を読み進めながら真摯にあなたの内面の旅をしていく中で、さまざまな心の情景が浮かんだと思います。あなたの心の琴線に深く触れたことや、心が動かされたことは何でしたか？　あなたの中の何かが変わった瞬間は、どんなことだったでしょうか。

まぶたを閉じて、じっくり思い起こす時間をとって、思い浮かんだことを書き出してください。

■プラクティスの質問

今度は、あなたが本書を読み終えた後も覚えておきたい、瞑想や心のエクササイズを振り返ります。

たとえば、あなたにとって、助けになっているなあと感じられるもの、楽しめたもの、あなたにとって意味のあったもの。これからの人生で続けていきたいと感じるものを書き出してください。目次や各セッションをながめたり、あなたのノートを読み返したりしながら、あなたが好きだったエクササイズや、印象に残ったものを自由に書き出します。

マインドフル・セルフ・コンパッションの旅を思い起こさせてくれる物があれば、普段よく見える場所に置いておくのもいいでしょう。セッションのエクササイズの中で、気づいたことなどを書き留めた内容や、あなた自身に宛てたお手紙などを、いつでも何度でも読み返してください。


まさに冒険旅だった…！と言われることがあります。ときには荒波がやってきたりして自分を応援したり。いろんな景色が見えてくる。あなたにとってはどんな探検でしたか。「ここで習ったことを、この本を読み終えたら忘れてしまうのでは」と心配している人もいるかもしれませんが、あなたの心が少しずつ思考をシフトさせています。これまでマインドフル・セルフ・コンパッションに参加してくださった人には再度受講してくださる人が多くいて、お話をきいていると、生活の中でふとしたときに、自分への思いやりある接しかたが、そういえば習慣としてしみこんでいるなぁと気づくようです。

たくさんのことを習いましたが、何か1つ印象に残った、発見した。それも十分です。

「自分が自分に対して、すごくジャッジメンタル（いい悪いを決めつけ、評価・批判する感じ）で、一番の批判者であることに気づきました。そのことに気づいたことが、私にとっては大きかった。自動的にいつものように自分を責め始めたときに、これまではそれがあまりに自然なことすぎて、そうしていることに気がついていなかったけれど、その状況を自覚することができたからです。思いやりの気づきの成分が少しずつ長い時間をかけて効いてくる感じ。一生かけて効いてくるのかもしれない。確実に本来の自分らしくいられるような方向に向かわせてくれる効能があるように感じています」

「自分を思いやる力」の持続力

ガーマー博士とネフ博士の研究報告によると、[1]マインドフル・セルフ・コンパッションのトレーニングを受けて1年たったあとも、受講者たちは人生の満足度の向上などの変化を維持していました。それは、週あたりの瞑想の回数や、1日の中でインフォーマルな実践をする回数とも関連があったようです。

変化の持続性については、本書を書くにあたり、以前の受講生の方々にヒアリングをしていて改めて思いました。

30代の会社経営者の男性は、こんなふうに言っていました。

自分を思いやるレッスンをトレーニングだととらえ、セッション以外にも毎日の生活の中で、瞑想や、自分を知る練習をしていました。そうすると、だんだんと習慣になっていたそうです。1年以上たって、彼にその後の変化を尋ねたところ、「1年前よりも心も身体も状態がよくなっている」「悪循環を断ち切るきっかけになった」「仕事も好調で驚くほど伸びている。孤独な立場の自分が心を整えていることで、部下や仕事で関わるいろいろな人たちに余裕を持って向き合える」ということです。1年後に話を聞くと、自分は○○だから無理、という自分で作っていた足かせを手放して、資格の取得や、結婚、引っ越しなど、行動を起こしている人もいます。

今後も練習を続けていくためのコツ

これからも、自分を思いやる行動を続けてください。心にとめてほしいことがあります。

①あなたが楽しめて、続けたくなるエクササイズを選ぶ

「この本でいろいろと習ったけれど、自分はどれを、どうやって続けていこうか」

と悶々としている人もいるでしょう。あなたにとって簡単に感じられるもの、心地のいいもの、今日もまたやろうという気持ちになれるもの、意味を感じられるものを選んでください。何ヶ月か続けていくと、「ああ、これが続けやすいなあ」「自然とこれをしているなあ」というのが見えてくると思います。あなたにとって楽に続けるにはどんな工夫をするといいかを探検してみてください。**心地のいいやり方で取り入れていくことで、少しずつ生活になじんでくるでしょう。**

②練習時間や内容より、自分への態度のほうが大事

内容そのものや時間の長さより、自分に根気強く、思いやりを持っている態度が大切です。**たとえ3分でも、継続してみてください。**「せっかくやろうと思ったのに、あまり練習できていない」と自己批判するよりも、練習できていない自分や、練習できていないことを責めがちなときにこそ、自分にセルフ・コンパッションのある態度で接します。

③自分にやさしくある許可を

効果てきめんとか、すぐに変わるわけではないかもしれませんし、毎回できるというわけではないかもしれません。「自分にやさしくあっていい」という許可を自分に与えることを忘れないでいてください。自分にも思いやりを向けるというのは、さりげなくて、そして勇気のいることです。

④すでに本来のあなたに備わっている力

セルフ・コンパッションはまったく新しいスキルを身につけることではなりません。すでに誰もが本来持っている力を思い出すこと、リソースは自分の中にあることに気づくことが大切です。

⑤ときにはお休みしてもいい

何か大変な時期に突入して、瞑想などからはどうしても離れてしまう、そんな時期もあります。もちろんじつはそんな人生の瞬間にもマインドフルにあること、コンパッショネイトでいることはできるかもしれませんが、お休みが必要なとき、どうぞお休みしてください。そんな自分にがっかりしたりしなくて大丈夫です。また時期が訪れて、再開できるとき、試してみてください。

「心が閉じたときでも、自分のドアをノックし続けたい」

これはマインドフル・セルフ・コンパッションの参加者が教えてくれた言葉です。

⑥普段いる場所からこそ始められる

この本を読んだあなたは、マインドフル・セルフ・コンパッションの冒険を、あなたの生活の場所から参加してくれました。どこか静かな特別な場所に出かけなくても、正直な心があれば今あなたがいる場所からいつでも内面の旅はできます。ここではないどこかへ行ったらできる、というものでもなさそうです。「直心是道場《じきしんこれどうじょう》」私が好きな禅語です。

今、あなたがいる、その場所から始めましょう。そして続けましょう。

オンライン・プログラムに自宅から参加した人は、「いつもの場所から新しいことを始められるという気持ちになりました。日常を飛び越して奇跡的なことはないんだ」と感じたそうです。

⑦仲間と練習するのもいい

瞑想をコミュニティの中で実践することも、続けていくことの助けになります。もしまわりに、瞑想や、マインドフルネス、セルフ・コンパッションの活動をしているグループがあったら、顔を出してみてはどうでしょうか。

マインドフル・セルフ・コンパッションの講師は、とてもうれしいことに日本でも少しずつ増えています。きっとこれから、みなさんが実際にプログラムに参加できる機会が増えていくでしょう。

マインドフルネスやコンパッションのプログラムでは、お互いを否定せずに安全や信頼の感じられるつながりを育み、サンガと呼ばれる仲間のようなグループでセッションを積み重ねることを大切にしています。他の参加者の気づきからも学びが深まり合ったり、共通の人間らしさの感覚が深まる助けにもなります。

以前の参加者がサンガの存在をこう語っていました。「心の内側にほっと一息つける居場所のようなものとして静かに存在し続けている」。

⑧瞑想や心のエクササイズの組み合わせは自由自在

どんな瞑想や心のエクササイズをするか、その時間や、内容の組み合わせは、あなたに必要なものを自分で自由に組み合わせることができます。

私は寝起き直後の、直感の冴えた清らかな状態で、静かなひとときを持つのが好きです。いろいろな支度や、外から飛び込んでくる雑多な情報を入れる前に、寝起きにあえて瞑想をする選択肢が、私たちの前にはあります。

「許すこと」は自分への思いやりにもなる

この本を読んで、内面の探検をした人は、心をオープンにしたからこそ、バックドラフトを体験して、じつは心の中にあった痛みが姿を表したという人もいるでしょう。

そんなときに、どうしようもなく激しい感情を冷静に認識できずに、自分や誰かにつらくあたってしまった人もいるかもしれません。それも自分を癒すプロセスのひとつです。

許していくことを学ぶこと。簡単ではないけれど重要です。

私がこの本で書いた内容で、意図せずに、あなたを傷つけたことがあったら、それを許してください。もしあなたがこのプログラムを読み進めていく最中に、意図せずに誰かを傷つけ、後悔しているなら、そんなあなた自身を許していますように。

もしこの自分を思いやる冒険旅のあいだに、あなたが意図してか意図せずしてか、あなた自身を傷つけていたら、そんなあなた自身を許しはじめますように……。

今はその準備ができていなくてもいい。もう少し先でもいい。もしできそうだったら、あなた自身への許しの可能性に、あなたがオープンでありますように。許すのは無理だ、苦しいというとき、もしてみてもいいと思えるときがきたら、あなたの安全や幸せを願う可能性にオープンでいようとするのでもいいかもしれません。

「許し」を、私たちの身体の中に静穏に置きましょう。「自分」を許すことも自分への思いやりです。

最後に、もうひとつ

よかったら、今いる部屋の中を、「足の裏」の感覚を味わいながら、ゆっくりと歩いてみてください。小さな表面積の足の裏が、今日も1日、身体を支えてくれていることに感謝を向けてみたり、身体丸ごとに意識を広げたり、地面が自分を迎えてくれているようなあたたかさを感じたり、人生で大切にしていきたいことを一歩一歩足跡を残しながら歩きます。

歩きながら、または、今自分にとって安全で楽な姿勢でいながら、こんなフレーズを心の中で、ゆっくりと心を込めて、唱えます。

私が幸せで健やかでありますように。
私の苦しみがやわらいでいますように。

そして、今、あなたと同じようにこの本を読んで、自分を思いやる冒険旅をともにしている他の人たちに向けて、心の中で、ゆっくりと心を込めて、何度も、唱えます。

あなたが健やかで幸せでありますように。
あなたの苦しみがやわらいでいますように。

その人のこれまでの歴史は私たちには、到底理解の及ばないものがあるでしょう。どの人も、自分の人生を生き、その人生の旅の中で、この本を手に取りました。

あなたが幸せで安全でありますように。
あなたが苦しみから解放されていますように。

今の世界の状況の中で、そんな願いを届けたい人たちが他にもいたら、その人たちにも
想いを馳せることができます。

いつでもまた、自分に戻って、自分の幸せを願うこともできます。

私たちが幸せを感じていますように。
苦しみから自由でありますように。

おわりに

米国北東部ニューイングランド地方にあるマサチューセッツ州のボストンに住み、マサチューセッツ総合病院の産婦人科で医療の質の管理者として勤務していた2014年に、私はマインドフル・セルフ・コンパッションに出会いました。本書に綴ったように、当時の私は苦しみや悲しさ、喪失のまっただなかにいて、頭部外傷後の後遺症に苦しむ他の人たちにも想いを馳せながら、ゆっくりと、まずは自分の回復のために実践を重ねていました。この本ができるまでの道のりにあったすべての出来事や人たちに敬意を向けたいと思います。

その後、クリスティン・ネフ先生やクリストファー・ガーマー先生たちに指導を受け始め、マインドフル・セルフ・コンパッションなどを日本でゆっくりと教えていますが、受講者の方々と同じように私も完璧ではないひとりの人間として、心の深遠に触れながら、残りの命を慈しみながら、みなさんとともに冒険を続けています。できなくなってしまったことがいくつもある自分の脳機能を目の当たりにし、悲しみが大きすぎて、何でもないようなふりを自分にもしてごまかすときがあったり、恥ずかしさや孤立感に塞がれそうになったり。そんな人生の困難に直面している中、私たちがつい忘れがちな「共通の人間らしさの感覚」を思い出し、さまざまな音色で美しく奏でられるオーケストラのように、人生を丸ごといたわり味わう情感ある旅のおともを、みなさんとできることに感謝しています。

セルフ・コンパッション——

この本を読み終えて（もちろん読み途中でも）、自分をケアするというのは、どんな感覚だったでしょうか？

人生のそのときどきによって、自分を大切にして寄り添うやさしさだったり、つらさをそっと抱きしめるあたたかみややわらかみだったり、一歩を踏み出す勇気や強さが湧き上がってくるニュアンスのように感じている方もいるかもしれませんね。

マインドフル・セルフ・コンパッションのプログラムを開催するたびに、再受講してくださる人たちに多くお会いします。ご自身の人生の旅のそれぞれの段階で、じっくりとまた自分と向き合うことで、ときには荒波を懸命に漕ぐ自分を応援しながら、ときにはおだやかな安堵を感じながら冒険を続け、毎回新たな発見があるようです。本書もまた、あなたが今いる人生の場所からいつでも再訪し、時折ページをめくっていただけるような本になれたらと願っています。

入門としての本書では、平易な文章で書き起こすがゆえにこぼれ落ちてしまうものがあります。すばらしいことにマインドフル・セルフ・コンパッションを教える講師の方が日本にも少しずつ増えています。あなたがもし、この入門書を読んでマインドフル・セルフ・コンパッションに興味をもってくださったなら、実際のプログラムに参加できる機会がありますように。

マインドフル・セルフ・コンパッションは、つねに必要な変化をし、成長しています。京都でクリストファー・ガーマー先生とプログラムを教えた際にも、彼が何度もメモをとり、血の通ったグループセッションを通じてこそ気づくヒントを大切にし、プログラム改良に反映なさっていたお姿が鮮明に思い出されます。これからも日本での講師や受講者の方々によって、プログラムが大切に育まれ、美しい表現へと紡がれていくことを心から楽しみにしています。そして、改めて、この本の元となっているマインドフル・セルフ・コンパッションを生み出されたクリスティン・ネフ先生、クリストファー・ガーマー先生の叡智と思いやりに敬意と感謝を表します。

2016年に日本ではじめてマインドフル・セルフ・コンパッション8週間プログラムを開催し始めてから、2017年には、ボストンでご縁のあった藤澤大介先生（慶應義塾大学の精神科医であり、現・医療安全管理部准教授）にとりまとめのご尽力をいただき、カリフォルニア大学サンディエゴ校のスティーブ・ヒックマン先生との2日間コアスキルトレーニングを医療従事者に教える機会に恵まれました。2018年には、実行委員会をはじめ、多くの方の助けをいただいて、敬愛するクリストファー・ガーマー先生との5日間集中トレーニングが実現し、幅広い層のみなさんに体験していただきました。日本での種まきを助けていただいている、ここで書ききれないほどのみなさまおひとりおひとりに心からのお礼を申し上げます。2019年には、京都大学まで足を運んで本書の企画を提案していただいた編集者の斉藤俊太郎さん（当時ご勤務）、そしてその年に原稿を書き上げてからも、最終作業に時間がかかる中、根気強く助けていただいた藤沢陽子さんに心から感謝しています。

日々支えてくれた家族、そして、これまで受講していただいたみなさまには心揺さぶられる大切な体験を真摯に聴かせていただき、私にとっても、そして本書にとっても、大きな学びをもたらしていただいたことを感謝しています。

セルフ・コンパッションを大事なものと考え、この本を手にとっていただいて、ありがとうございます。

私たちがコンパッションに包まれて、少しでも安心して生きていますように。大切な人生の一瞬がつまった今日という1日、あなたの心に思いやりがあたたかく灯っていますように。

岸本　早苗

11. Terry, M. L., & Leary, M. R. (2011). Self-compassion, self-regulation, and health. *Self and Identity* , 10(3), 352-362.

12. Breines, J. G., & Chen, S. (2012). Self-compassion increases self-improvement motivation. *Personality & social psychology bulletin* , 38(9), 1133–1143.

13. Kabat-Zinn J. (1982). An outpatient program in behavioral medicine for chronic pain patients based on the practice of mindfulness meditation: theoretical considerations and preliminary results. *General hospital psychiatry* , 4(1), 33–47.

14. Kabat-Zinn, J., Lipworth, L., & Burney, R. (1985). The clinical use of mindfulness meditation for the self-regulation of chronic pain. *Journal of behavioral medicine* , 8(2), 163–190.

15. Teasdale, J. D., Segal, Z. V., Williams, J. M., Ridgeway, V. A., Soulsby, J. M., & Lau, M. A. (2000). Prevention of relapse/recurrence in major depression by mindfulness-based cognitive therapy. *Journal of consulting and clinical psychology* , 68(4), 615–623.

16. Kuyken, W., Watkins, E., Holden, E., White, K., Taylor, R. S., Byford, S., Evans, A., Radford, S., Teasdale, J. D., & Dalgleish, T. (2010). How does mindfulness-based cognitive therapy work?. *Behaviour research and therapy* , 48(11), 1105–1112.

17. Van Dam, N. T., Sheppard, S. C., Forsyth, J. P., & Earleywine, M. (2011). Self-compassion is a better predictor than mindfulness of symptom severity and quality of life in mixed anxiety and depression. *Journal of anxiety disorders* , 25(1), 123–130.

18. Friis, A. M., Johnson, M. H., Cutfield, R. G., & Consedine, N. S. (2016). Kindness Matters: A Randomized Controlled Trial of a Mindful Self-Compassion Intervention Improves Depression, Distress, and HbA1c Among Patients With Diabetes. *Diabetes care, 39* (11), 1963–1971.

19. Neff, K. D., Pisitsungkagarn, K., & Hsieh, Y.-P. (2008). Self-compassion and self-construal in the United States, Thailand, and Taiwan. *Journal of Cross-Cultural Psychology* , 39(3), 267–285.

20. Stellar, J. E., & Keltner, D. (2014). Compassion. In M. M. Tugade, M. N. Shiota, & L. D. Kirby (Eds.), *Handbook of positive emotions* (pp. 329–341). The Guilford Press.

21. Hölzel, B. K., Carmody, J., Evans, K. C., Hoge, E. A., Dusek, J. A., Morgan, L., Pitman, R. K., & Lazar, S. W. (2010). Stress reduction correlates with structural changes in the amygdala. *Social cognitive and affective neuroscience, 5* (1), 11–17.

22. Hölzel, B. K., Carmody, J., Vangel, M., Congleton, C., Yerramsetti, S. M., Gard, T., & Lazar, S. W. (2011). Mindfulness practice leads to increases in regional brain gray matter density. *Psychiatry research* , 191(1), 36–43.

引用・参考文献

Germer, C. K. , & Neff, K. D. (2019). Teaching the Mindful Self-Compassion Program: A Guide for Professionals. The Guilford Press.

Neff, K. D., & Germer, C. K. (2018). The Mindful Self-Compassion Workbook. The Guilford Press.

1. Neff, K. D., & Germer, C. K. (2013). A pilot study and randomized controlled trial of the mindful self-compassion program. *Journal of clinical psychology, 69* (1), 28–44.
2. Zessin, U., Dickhäuser, O., & Garbade, S. (2015). The Relationship Between Self-Compassion and Well-Being: A Meta-Analysis. *Applied psychology. Health and well-being* , 7(3), 340–364.
3. MacBeth, A., & Gumley, A. (2012). Exploring compassion: a meta-analysis of the association between self-compassion and psychopathology. *Clinical psychology review* , 32(6), 545–552.
4. Gilbert, P. (2009) The compassionate mind: A new approach to life's challenges. Oakland, CA: New Harbinger Press.
5. Neff, K. D., Rude, S.S., & Kirkpatrick, K. L. (2007). An examination of self-compassion in relation to positive psychological functioning and personality traits. *Journal of Research in Personality* , 41(4), 908-916.
6. Leary, M. R., Tate, E. B., Adams, C. E., Allen, A. B., & Hancock, J. (2007). Self-compassion and reactions to unpleasant self-relevant events: the implications of treating oneself kindly. *Journal of personality and social psychology* , 92(5), 887–904.
7. Howell, A. J., Dopko, R. L., Turowski, J. B., & Buro, K. (2011). The disposition to apologize. *Personality and Individual Differences* , 51(4), 509-514.
8. Neff, K. D., & Pommier, E. (2013). The relationship between self-compassion and other-focused concern among college undergraduates, community adults, and practicing meditators. *Self and Identity* , 12(2), 160–176.
9. Neff, K. D., & Beretvas, S. N. (2013). The role of self-compassion in romantic relationships. *Self and Identity* , 12(1), 78–98.
10. Yarnell, L. M., & Neff, K. D. (2013). Self-compassion, interpersonal conflict resolutions, and well-being. *Self and Identity* , 12(2), 146–159.

Self-Regulation of Exercise: Reactions to Recalled Exercise Setbacks. *Journal of sport & exercise psychology* , 40(1), 31–39.

36. Semenchuk, B. N., Boreskie, K. F., Hay, J. L., Miller, C., Duhamel, T. A., & Strachan, S. M. (2020). Self-compassion and responses to health information in middle-aged and older women: An observational cohort study. *Journal of health psychology* , 1359105320909860. Advance online publication.

37. Klimecki, O. M., Leiberg, S., Ricard, M., & Singer, T. (2014). Differential pattern of functional brain plasticity after compassion and empathy training. *Social cognitive and affective neuroscience, 9* (6), 873–879.

38. Singer, T., & Klimecki, O. M. (2014). Empathy and compassion. *Current biology : CB, 24* (18), R875–R878.

39. National Academies of Sciences, Engineering, and Medicine; National Academy of Medicine; Committee on Systems Approaches to Improve Patient Care by Supporting Clinician Well-Being. (2019). *Taking Action Against Clinician Burnout: A Systems Approach to Professional Well-Being* . National Academies Press (US).

40. Dewa, C.S., Loong, D., Bonato, S., & Trojanowski, L. (2017). The relationship between physician burnout and quality of healthcare in terms of safety and acceptability: a systematic review. *BMJ Open* 7, e015141.

41. Manco, N., & Hamby, S. (2021). A Meta-Analytic Review of Interventions That Promote Meaning in Life. *American journal of health promotion : AJHP, 35* (6), 866–873.

23. Killingsworth, M. A., & Gilbert, D. T. (2010). A wandering mind is an unhappy mind. Science (New York, N.Y.) , 330(6006), 932.

24. Fredrickson B. L. (2001). The role of positive emotions in positive psychology. The broaden-and-build theory of positive emotions. *The American psychologist* , 56(3), 218–226.

25. Fredrickson B. L. (2004). The broaden-and-build theory of positive emotions. *Philosophical transactions of the Royal Society of London. Series B, Biological sciences, 359* (1449), 1367–1378.

26. Fredrickson, B. L., Boulton, A. J., Firestine, A. M., Van Cappellen, P., Algoe, S. B., Brantley, M. M., Kim, S. L., Brantley, J., & Salzberg, S. (2017). Positive Emotion Correlates of Meditation Practice: A Comparison of Mindfulness Meditation and Loving-kindness Meditation. *Mindfulness, 8* (6), 1623–1633.

27. Kok, B. E., Coffey, K. A., Cohn, M. A., Catalino, L. I., Vacharkulksemsuk, T., Algoe, S. B., Brantley, M., & Fredrickson, B. L. (2013). How positive emotions build physical health: perceived positive social connections account for the upward spiral between positive emotions and vagal tone. *Psychological science, 24* (7), 1123–1132.

28. Fredrickson, B. L., Cohn, M. A., Coffey, K. A., Pek, J., & Finkel, S. M. (2008). Open hearts build lives: positive emotions, induced through loving-kindness meditation, build consequential personal resources. *Journal of personality and social psychology, 95* (5), 1045–1062.

29. Rogers, C. (1961/1995). On becoming a person: A therapist's view of psychotherapy. Boston: Houghton Mifflin.

30. Sbarra, D. A., Smith, H. L., & Mehl, M. R. (2012). When leaving your ex, love yourself: observational ratings of self-compassion predict the course of emotional recovery following marital separation. *Psychological science, 23* (3), 261–269.

31. Hiraoka, R., Meyer, E. C., Kimbrel, N. A., DeBeer, B. B., Gulliver, S. B., & Morissette, S. B. (2015). Self-Compassion as a prospective predictor of PTSD symptom severity among trauma-exposed U.S. Iraq and Afghanistan war veterans. *Journal of traumatic stress, 28* (2), 127–133.

32. Sirois, F. M., Molnar, D. S., & Hirsch, J. K. (2015). Self-compassion, stress, and coping in the context of chronic illness. *Self and Identity, 14* (3), 334–347.

33. Breines, J. G., & Chen, S. (2012). Self-compassion increases self-improvement motivation. *Personality & social psychology bulletin, 38* (9), 1133–1143.

34. Phillips, W. J., & Hine, D. W. (2021). Self-compassion, physical health, and health behaviour: a meta-analysis. *Health psychology review, 15* (1), 113–139.

35. Semenchuk, B. N., Strachan, S. M., & Fortier, M. (2018). Self-Compassion and the

私たちが幸せを感じていますように。
苦しみから自由でありますように。

著者プロフィール

岸本早苗（Sanae Kishimoto）

臨床心理士、公認心理師
京都大学大学院医学研究科健康増進・行動学分野　客員研究員
病院組織アドバイザー、マインドフル CARE® 代表

外資系経営コンサルティングファームでの病院経営戦略立案・業務改革プロジェクト、産婦人科病院での心理臨床を経て渡米。ハーバード公衆衛生大学院修士課程修了後、ハーバード大学医学部・ボストン小児病院にて医療職へのプロフェッショナリズムやコミュニケーションの教育・研究に従事、同・マサチューセッツ総合病院産婦人科にて医療の質管理者として勤務。帰国後、京都大学大学院医学研究科にて、メンタルヘルスに関するランダム化比較試験やネットワークメタ解析の臨床研究を行う。マインドフルネスストレス低減法およびマインドフル・セルフ・コンパッションを統合したオンラインプログラムを独自に開発し、ハーバード大学等との国際共同研究・ランダム化比較試験を行い、高い有効性を米国トップジャーナルで発表。

社会健康医学博士（京都大学）。

マインドフルネスに関する略歴

マインドフル CARE® で病院組織文化の仕組みづくりを推進するとともに、京都大学など教育機関や、英国大使館・英国総領事館など政府機関、医療機関、職能団体等でマインドフルネスを指導。The Institute for Meditation and Psychotherapy（ハーバード精神科教室臨床心理学者らが創立）にて、日本人で初めてマインドフルネス＆心理療法認定プログラムを修了。マインドフルネスストレス低減法およびマインドフル・セルフ・コンパッション（MSC）認定講師（数少ない日本人 MSC 認定講師の一人）。医療従事者のためのセルフ・コンパッション（SCHC）講師。京大マインドフルネス＆セルフ・コンパッション研究会 共同発起人。

主な著書等

『看護管理 特集 セルフ・コンパッション――リーダーが自分を思いやることで組織が豊かになる』（2020、医学書院、監修・執筆）、『セルフ・コンパッション新訳版』（2021、金剛出版、共同監訳）など。

自分《じぶん》を思《おも》いやるレッスン
マインドフル・セルフ・コンパッション入門《にゅうもん》

2021年8月1日　第1刷発行
2024年10月20日　第3刷発行

著者　岸本早苗《きしもとさなえ》
発行者　佐藤　靖
発行所　大和《だいわ》書房
東京都文京区関口1-33-4　03-3203-4511

デザイン・イラスト　松好那名（matt's work）
カバー写真　© obeyleesin
訳協力（序文）　鳥羽瀬有里
編集　藤沢陽子（大和書房）

カバー印刷　歩プロセス
本文印刷　厚徳社
製本　小泉製本

ISBN 978-4-479-79705-0
　http://www.daiwashobo.co.jp